KB120005

농촌은 사라지지 않는다

이 도서의 국립중앙도서관 출판예정도서목록(CIP)은 서지정보유통지원시스템 홈페이지(http://seoji.nl.go.kr)
와 국가자료공동목록시스템(http://www.nl.go.kr/kolisnet)에서 이용하실 수 있습니다.
CIP제어번호 : CIP2018004830(양장), CIP2018004829(반양장)

농촌은 사라지지 않는다

農山村は消滅しない

/ 농산촌 생존을 위한 지방의 고군분투 /

오다기리 도쿠미 지음

부혜진 • 정유경 옮김 김영근 감수

한울
아카데미

NOUSANSON WA SHOUMETSUSHINAI
by Tokumi Odagiri

Copyright © 2014 by Tokumi Odagiri
First published 2014 by Iwanami Shoten, Publishers, Tokyo.
This Korean edition published 2018
by HanulMPlus Inc., Paju
by arrangement with Iwanami Shoten, Publishers, Tokyo

차 례

일본 농산촌의 부활을 묻고
한국형 '지방 창생학'을 시작하자

『농촌은 사라지지 않는다農山村は消滅しない』는 아베노믹스의 네 번째 화살이라 할 수 있는 '일본의 지방 창생'을 제대로 들여다볼 수 있다는 점에서 매우 유용하다. 특히 일본에서는 인구 감소 문제가 사회적 문제로 부각되면서 향후 소멸할 것으로 예상되는 농촌이나 산촌 지역이 발표되는 등 그 관심이 증대되고 있다. 과연 이대로 간다면 일본의 농산촌은 소멸할지도 모른다는 문제의식에서 출발하는 이 책은 지역(지방)의 부활 및 활성화가 가능하다는 처방전을 내놓는다. 즉, 지방의 인구 리스크 관리학적 답안을 제시하고 있다는 점이 무척 고무적이다.

주지하다시피 3·11 동일본 대지진 이후, 일본에서는 젊은 층의 귀농귀촌이 증가하는 등 전원 회귀 현상이 새롭게 일고 있으며, 젊은 층의 움직임은 과소화 지역의 활성화를 도모하고 있다. 이 책은 현재 일본의 농산촌 상황을 점검하고, 나아가 '지역 활성화'를 위한 여러 가지 사례 분석을 통해 앞으로의 전망과 과제를 제시한다.

이 책의 저자인 오다기리 도쿠미小田切德美 교수는 현재 메이지대학 농학연구과에 재직 중이다. 일본의 농업, 농산촌 재생 등 다양한 저서 활동을 통해 농촌 문제의 전문가로 널리 알려져 있으며,* 일본 정부의 각종 심의회 위원 등을 통해 활발하게 논의를 전개하고 있다. 그의 주된 관심 분야는 농업·농촌 정책의 정치경제학적 분석 및 농촌 거버넌스 이론 등이다.

일본 농산촌의 초고령화 및 소멸 가능성 문제 등은 최근 발생한 것이 아니다. 이전부터 농산촌은 과소화 및 고령화 문제에 대해 절실히 맞서왔다는 인식하에 분석 방법론 및 분석 시각을 제기한다 (머리말). 이러한 문제의식을 바탕으로 공동화 및 소멸 가능성을 중심으로 농산촌의 실태를 점검하고(1장), 이어서 일본 지역 활성화의 역사와 실천에 관해 고찰한다(2장). 3장에서는 일본 산간 지역의 활성화를 위해 여러 가지로 도전하고 있는 마을·지역 만들기 사례에 관해 분석한다. 이를 바탕으로 지금 일본의 농산촌 현장에서 필

---

* 이 책『農山村は消滅しない』외에도 다수가 있다.『日本農業の中山地帶問題』(農林統計協會, 1994),『實踐まちづくり讀本』(公職研, 2008),『日本の農業』(農林統計協會, 2008),『農山村再生』(岩波書店, 2009),『農山村再生の實踐』(農山漁村文化協會, 2011),『農山村再生に挑む』(岩波書店, 2013),『世界の田園回歸』(農山漁村文化協會, 2017) 등.

요한 정책 및 대안에 관해 새로운 견해를 밝힌다(4장). 5장에서는 농산촌 이주(전원 회귀) 현상을 소개하고, 결론으로 농산촌 재생의 과제와 전망을 내놓는다(맺음말).

우선 농산촌의 소멸 현상에 대해 진단하고, 부활하기 위한 처방전(과제)을 제대로 이해할 필요가 있다. '과연 농산촌은 붕괴 위기 직전인가?' '또한 그 비율은 어느 정도인가?' '누가, 왜 농산촌을 떠나는가? 혹은 떠나려 하는가?' '그들은 무엇을 생각하는가?' '농산촌의 인구 절벽 혹은 인구 감소 문제의 극복을 위한 정책은 무엇인가?' '농산촌의 인구 유입移住 촉진 및 활성화를 위한 사례는 무엇이며 추진 과정은 어떠한가?' '과연 농산촌 재생(부활)이라는 목표에 도달하기 위해 어떻게 해야 하는가?' '이를 해결할 수 있는 행위자는 누구인가?' '귀농귀촌은 과연 농산촌 부활에 도움이 될 수 있는가?' 이 책은 여러 융·복합적 질문들에 관해 완벽하고 체계적인 답을 제시하기보다는 생각하고 고민하는 힘을 길러준다. 예를 들어, '귀농귀촌'이란 농촌이나 산촌을 떠나 도시에서 2차·3차 산업에 취업했던 사람이 농업이나 임업으로 되돌아오거나 혹은 그들을 되돌아오게 하는 일련의 환류還流 과정을 포함하는 말이다. 일반적으로 불황 때문에 실업한 노동력의 환류나 고령화로 퇴직한 자의 농산촌 복귀(이주) 등 전통적 개념에서 벗어나 농산촌으로의 유입까지도 포함한 적극적 인구 감소 대책 방안도 중요하다.

'지방 소멸'이라는 단어는 일본의 일본창성회의 대표 마스다 히로야가 쓴 『지방 소멸』에서 언급된 것이다. 엄청난 재앙으로 다가

올 지속적인 인구 감소는 결국 지역의 축소와 일본의 파멸로 이어질 것이라는 경고와 함께 이를 돌파하기 위한 '지방 창생 전략'을 제시한 바 있다.* '지방 창생 전략'은 일자리가 사람을 부르고 사람이 다시 일자리를 부르는 선순환 구조를 확립하는 것으로, 안정적인 인구 유지와 더불어 생산성 향상을 목표로 한다. 고용의 질적·양적 확보를 통한 일자리 향상, 인재 확보 및 출산에 대한 지속 지원을 통한 인적 자원 확보, 지역 특성을 반영한 마을의 문제 해결 등을 통한 '인구의 안정' 및 '지역 생산성의 향상'을 골자로 한다. 2005년 '지역 창생법'을 제정, 시행함으로써 지역 재생을 추진해온 이후 2014년 '아베노믹스' 정책의 일환으로 '지방 창생법(2014년 12월 4일)'이 제정되었고, '지역 창생법' 일부가 개정되어 '마을·사람·일자리 창생 본부'를 설립했다.

이를 위해 일본은 총리 직속으로 컨트롤타워인 지방 창생 본부를 신설하고 지방의 고용 및 인구 유입, 젊은 세대의 결혼과 출산, 육아 지원이라는 전략적 목표를 세워 지역 활성화를 위한 정책을 지속적으로 추진하고 있다. 구체적으로는 2020년까지 지역 산업의 경쟁력 강화와 인재 육성을 위한 일자리 창출, 기업의 지방 거점 강화 및 지방 채용 확대, 지방에서 수도권 진입을 제한하는 인구 안정

---

* 회의 자료 및 관련 법령, 일본 각의 결정, 지방 창생 전문가 소개 등 구체적인 일본의 지방 창생에 관해서는 홈페이지를 참고하라(https://www.kantei.go.jp/jp/singi/sousei/).

화, 임신·출산·육아에 대한 지원 정책, 지역 간 광역 연계로 소규모 거점 형성을 통한 지방 도시의 경제 및 생활권 향상 등을 추진하는 것이다. 실제 일본은 중앙 주도형 인구 감소 정책으로 최근 출생자 수도 증가하는 효과를 얻고 있다고 공표한 바 있다.

한국은 일본과 마찬가지로 인구 감소, 저출산·초고령화, 수도권 집중 현상 등 공통된 과제를 안고 있다는 점에서 인식을 공유하고, 대통령 직속 '지역 발전 위원회'*와 일본 내각 관방 '마을·사람·일자리 창생 본부'는 '지역 정책 교류 협력'을 위한 양자 간 협약을 체결했다(2017년 12월 11일). 이와 관련해 감수자(김영근)는 '지역 발전 위원회'의 '일본 지방 창생 분야 국내 전문가 회의'(2017년 10월 16일)에 참가해 일본 현황을 소개하고 국제 협력의 필요성에 관해 피력한 바 있다.** 내용을 구체적으로 살펴보자면, 지역 균형 발전과 지방 창생에 관한 각종 정책과 성공 사례 등 관련 정보의 교류 협력을 위해 정례 회의를 개최하고, 협력 증진을 위한 실무 협의체를 즉시 구성해 운영하기로 합의하고 있다. 이는 지역 발전을 위해 국제 협력도 강화한다는 정책적 입장을 표명하고 있는 문재인 정부가 향후 한국의 지역 균등 발전을 위해 취해야 할 과제에 관한 답을 해

- 김영근, "아베노믹스와 일본의 지방 창생 vs. 지역(地域)소멸"〔2016년 제2차 일본경제연구회(전문가풀 세미나) 발표 자료〕.
- •• 일본은 「마을·사람·일자리 창생 총합 전략 2017 개정판(まち·ひと·しごと 創生 總合戰略2017改訂版)」을 각의 결정하고 공시한 바 있다(https://www.kantei. go.jp/jp/singi/sousei/info/#an12).

외 사례에서 찾고 있다는 뜻이다. 어쩌면 이 책의 많은 부분이 바로 그 답이나 방향성을 제시해줄 것으로 확신한다. 관련 정책 입안자 및 정책 수행자들이 꼭 일독하여 지역 인프라와 서비스 생태계 개선 및 '지방 살리기' 혹은 '지방 살아남기' 정책 방안을 모색하는 데 도움이 되기를 바란다.

다시 한번 강조하자면 이 책이 한국에 주는 일본의 국가 균형 발전과 지방 창생 정책에 관한 교훈은 매우 유용하며, 국내에 소개(번역)하는 것은 매우 의미 있는 작업이라 할 수 있다. 무엇보다도 일본의 문제는 향후 '인구 감소 혹은 인구 절벽 시대'로 접어드는 한국 농산촌 문제를 생각하는 데 크게 참고가 될 것이다. 특히 젊은 층의 움직임 등 일본 사회의 새로운 변화를 제시한 부분은 바로 지금 리스크 관리의 필요성을 그대로 담아내고 있어 시사하는 바가 크며 시의적절하다. 다만 일본의 교훈(성공과 실패)에 관해 어떻게 지역별 특성을 제대로 반영하여 한국형으로 소화(대응책을 마련)할 것인지가 관건이 될 수 있다.

이 책은 지자체의 '신성장 동력' 및 지속 가능한sustainability 바이오매스 산업 등 먹거리 창출에 활용될 수 있는 힌트가 될 수 있을 것이다. 또한 농업경제학과, 식량자원경제학과 등 전공 수업의 교재로 활용되거나, 한국농촌경제연구원 등 전문가 그룹은 물론 농촌 및 산어촌 관련 업계의 4차 산업혁명 시대 미래 대응에도 유용하게 활용되기를 기대한다.

마지막으로 이 책의 번역 과정에서 저자와의 이메일 문의 및 인터뷰 기사 등을 통해 이해하기 어려운 부분을 꼼꼼히 체크해준 정유경 조교수(규슈대학교)와 부혜진 박사후 연구원(농촌진흥청 국립농업과학원)께 감사의 말을 전한다. 역자인 두 분의 노고가 일본 농촌과 산촌의 부활을 쉽게 이해하고, "한국형 '지방 창생학'을 시작하자"라는 반향으로 보답받는 날이 오기만을 학수고대하며 감수의 글을 마무리하고자 한다.

"겨울이 오면 봄 또한 머지않으리If winter comes, can spring be far behind?"*라는 시구를 떠올리며 '지방의 부활'을 꿈꾼다!

2017년 엄동설한에 연구실에서
고려대학교 글로벌일본연구원 교수 김영근

---

* 영국 낭만파를 대표하는 3대 시인으로 꼽히는 '퍼시 셸리(Percy Shelley)'의 「서풍에 부치는 노래(Ode to the West Wind)」제일 마지막 연(結句)이다.

'지방 소멸론'의 등장

마스다 보고서

「마스다 보고서」에서 문제 제기한 '지방 소멸'은 세간에 충격을 주었다. 이는 일명 '마스다 쇼크'라고 불리기도 한다.

전 이와테현岩手縣 지사와 총무 대신을 지낸 마스다 히로야增田寬也 씨가 주축이 되어 작성한 「마스다 보고서」는 한 편의 논문 외에도 단계적으로 발표된 몇 편의 보고서와 저서를 수록하고 있다.

처음으로 「마스다 보고서」가 발표된 것은 ≪중앙공론中央公論≫ (2013년 12월호)의 '괴사하는 지방 도시壞死する地方都市'라는 특집호에 서이다(제1보고서). 이는 '마스다 히로야+인구감소문제연구회'라는 이름으로 발표되었는데, 이 연구회에는 마스다 씨 외에 인구문제나 노동문제를 전공으로 하는 연구자들도 참가했다. 보고서는 이

미 이 단계에서 주목을 받았으나, 크게 화제가 된 것은 다음 해에 일본창성회의 인구감소문제검토분과회가 작성한 보고서 「성장을 계속하는 21세기를 위한 'STOP 소자화少子化, 지방을 활기차게 만드는 전략」(2014년 5월 8일)이 발표되면서부터이다(제2보고서). 제2보고서에서는 독자적인 방법으로 2040년 젊은 여성(20~39세)의 인구를 추산해 현재보다 인구가 절반 이하로 감소할 것으로 예상되는 시정촌市町村에 대해 '향후 소멸할 가능성이 높다'라고 해 한층 더 주목을 받았다. 제2보고서에는 제1보고서 작성에 참가한 연구자들을 비롯해 새로운 연구자 및 재무성과 총무성의 전 사무차관 2명도 참가했다.

이틀 후(2014년 5월 10일) 간행된 ≪중앙공론≫ 6월호에는 '마스다 히로야+일본창성회의'와 인구감소문제검토분과회의 '소멸하는 시정촌 523消滅する市町村523'이라는 제목의 특집호에 「STOP 인구 급감 사회」를 발표했다(제3보고서). '소멸 가능성 도시 896消滅可能性都市896'이라는 제목의 특집호에서는 896군데의 시정촌 이름과 추정 인구 데이터, 2040년도 추정 인구가 1만 명 이하인 523곳의 시정촌 목록을 공개하면서 '소멸하는 시정촌'에 관한 논의에 불을 붙였다.

그리고 그다음 주인 2014년 5월 13일에는 경제재정자문회의 '선택하는 미래 위원회'가 「미래의 선택: 인구 급감·초고령 사회를 넘어 일본발 성장·발전 모델을 구축」이라는 제목의 중간 보고서를 발표했다. 마스다 씨는 이 위원회의 위원으로 참가했으며, 여기에 정리된 내용은 근본적인 소자화 대책에 따른 2050년까지 인구 1억

명 확보 및 지역 재생을 위한 집약, 활성화 등 제2보고서와 비슷한 맥락이다. 또 이 위원회의 주요 보고 내용은 6월 24일에 내각회의를 통해 결정된 「경제 재정 운영과 개혁의 기본 방침 2014」에 반영되었다.

그 후 8월 25일에는 마스다 씨가 편자로 참여하여, 제1보고서에서 제3보고서까지에 더해 관련 좌담회(모두 ≪중앙공론≫에 게재)의 내용 등을 수록한 책을 간행했다. 제목은 '시정촌 소멸'에서 '지방 소멸'로 더욱 확대되었다. 이것이 「마스다 보고서」를 '지방 소멸론'이라 부르게 된 연유이다.

그리고 9월 3일에는 아베 신조安倍晋三 내각의 개조에 따라 이시바 시게루石破茂 씨가 지방 창생 담당 대신으로 임명되었다. 또한 「2014 주요 방침」에 작성된 소자화 대책과 지방 대책을 내각이 전면으로 담당하는 '마을·사람·일 창생 본부まち·ひと·しごと創生本部'가 바로 다음 날 아베 총리를 본부장으로 발족했다. 본부에 관해 논의하기 위한 회의에는 마스다 씨도 구성원으로 참가했다.

이러한 과정을 되돌아보면 2013년 11월부터 시작해 1년도 채 지나지 않아 「마스다 보고서」에 나타난 기본 방침이 정부의 방침과 동일하다는 점을 알 수 있다. 보고서의 발표 및 출판과 정부의 움직임이 전개되는 과정을 볼 때, 주도면밀하게 계획되었다는 것을 짐작할 수 있다. 이를 증명하듯이 ≪일본경제신문日本經濟新聞≫은 "민간 단체인 일본창성회의가 5월 8일, 미래의 소멸 가능성 지역에 대한 구체적인 이름을 담은 목록을 발표했다. 좌장인 마스다 씨는 제1차

아베 내각의 총무상을 담당했고, 스가 요시히데菅義偉 관방 장관과도 가까운 사이이다. 인구 감소 사회로의 진전은 아베 정권이 최우선 과제로 삼고 있는 경제성장에 영향을 끼치게 된다. 마스다 씨는 스가 씨와의 논의를 통해 신성장 전략을 책정하기 전에 소멸 가능성 도시 목록을 발표할 적절한 시기를 노렸다고 전하며(2014년 6월 23일), 「마스다 보고서」와 정권과의 조정 과정에 관해 보도했다.

또 저널리스트인 아오야마 아키히사青山彰久 씨는 제2보고서 작성에 정부중앙관청의 최고 관리였던 사람이 참가한 점과 경제재정자문회의 위원회 움직임에 관해 "그 배경에는 경제계와 중앙정부 관료의 실질적인 지원이 있었다고 봐도 좋을 것이다"라고 지적했다. 「마스다 보고서」와 정부가 어떤 이유로든 관계가 있었다는 점은 확실한 것 같다.

「마스다 보고서」의 내용과 충격

그러면 「마스다 보고서」의 내용에 대해 살펴보자. 「마스다 보고서」의 주장은 크게 다음 두 가지로 요약할 수 있다.

· 일본의 심각한 소자화 경향은 인구 집중이 진행되는 대도시에서 특히 눈에 띈다. 따라서 인구 감소는 속도를 내며 진행될 가능성이 높다. 이에 대한 기본적인 대책으로 젊은 층이 자신이 원할 때 결혼을 하고 자녀를 출산하며 양육할 수 있는 사회를 구축해야 할 것이다.

· 도쿄 등 수도권을 비롯한 대도시에 젊은 층이 집중되는 경향이 계

속되고 있다. 그 결과 지방은 단순한 인구 감소에서 멈추는 것이 아니라 '인구 재생력' 자체를 대도시권으로 크게 유출하게 된다. 이에 대해 '선택과 집중'으로 지방을 '젊은 층에게 매력 있는 지역 거점 도시'의 중핵으로 만드는 '새로운 집적 구조' 구축이 필요할 것이다.

첫째 항목에 대해서는 'STOP 소자화 전략', 둘째 항목에 대해서는 '지방 재생 전략'이라는 이름으로 구체적인 정책이 여러 논의에서 다수 언급되었다. 이 정책 만들기에는 여러 중앙 부처가 참가했으며 정부에서 이전부터 시행하던 정책도 포함되어 있다고 한다. 소자화와 지역 재생은 「마스다 보고서」가 지적하기 전부터 정부의 중요 과제였으며, 2014년 가을의 내각 개조 이전에 내각부 담당 대신(소자화)과 특명 사항 담당 대신(지역 활성화의 종합적 추진)을 임명했다. 다시 말해 'STOP 소자화 전략'과 '지방 재생 전략'의 정책 영역을 강조한 것은 새로운 사항이 아니다.

「마스다 보고서」는 각계, 특히 지방에 큰 충격을 주었다. 첫 번째 이유는 특정 지방자치단체를 '소멸 가능성 도시', '소멸하는 시정촌'이라고 명시했기 때문이다. 이는 근거가 별로 없음에도 국민적 관심을 모으는 데 성공했다. 이것이 바로 이 보고서의 핵심이라 할 수 있다.

두 번째 이유는 '선택과 집중'이 '소멸 가능성', '소멸'을 선고받은 구체적인 시정촌의 이름과 함께 언급되었다는 점이다. 물론 '선택과 집중'은 「마스다 보고서」에서만 논의되고 있는 내용은 아니다.

재정적인 제약 속에서 최근 정책 논의에 자주 등장하는 사고방식이다. 그러나 특정 지역의 이름을 명시하며 언급한 것은 이례적이다. 이는 지금까지의 '잘라내기식'의 추상적인 논의와는 다르며 각각의 지역 입장에서 보면 '소멸하니 이제 철수해라'라는 말로밖에 들리지 않을 것이다.

즉, 소자화 대책을 의식해 시작된 「마스다 보고서」는 '소멸 시정촌', '소멸 가능성 도시'를 공표함으로써 특정 지역에 대한 철수를 권고하는 형태로 전락하고 말았다.

파문과 각계 반응

특정 지역을 지칭한 것을 두고 지방은 재빨리 반응했다. 마스다 씨를 비롯한 관계자들이 일본창성회의 분과회 보고서(제2보고서)를 발표하기 위해 기자회견을 연 것은 2014년 5월 8일이다. 그러나 그 이전에 마스다 씨 측은 기자 클럽에 자료를 제공하고 내용을 설명하는 등 이른바 사전 설명회를 개최했고 각 지역신문사는 충분한 준비를 거쳐 일제히 보도했다.

다음 쪽의 표('일본창성회의 보고서에 대한 지방신문의 보도 내용')는 지방신문의 보도 상황을 도호쿠 지방의 주요 신문을 통해 검토한 것이다. 이것을 보면 모든 신문이 보도 내용을 1면을 포함해 다수의 기사로 게재했고, 각각 지역의 소멸 가능성이 있는 지방자치단체 수와 목록을 게재했다. 예를 들면 현 내 25곳 시정촌 가운데 24곳이 소멸 가능성이 있는 지자체이자, 전국에서 소멸 가능성 지자

일본창성회의 보고서에 대한 지방신문의 보도 내용(도호쿠 지방)

신문명	관련 기사 수(게재 면)	지역의 특징적인 내용을 담은 제목
가호쿠신보(河北新報)	2건(1, 3면)	137 시정촌 '소멸 가능성' 현(縣)과 도(都)도 심각
도오일보(東奧日報)	2건(1, 2면)	35 시정촌 젊은 여성 절반 감소 아오모리현 내 '지역 붕괴' 지적
이와테일보(岩手日報)	2건(1, 2면)	27 시정촌 젊은 여성 대폭 감소 니시와가(西和賀) 76%, 후다이(普代) 75%
아키타사키가케신보 (秋田魁新報)	3건(1, 2, 25면)	아키타현 내 24곳의 시정촌 인구 중 젊은 여성이 절반 이하인 것에 대해 아키타현 내 관계자 "일자리 필요"라고 말해
야마가타신문 (山形新聞)	2건(1, 4면)	야마가타현은 28곳 시정(市町)
후쿠시마민유(福島民友)	2건(1, 4면)	20~30대 여성 후쿠시마현 내, 2040년에 절반 감소
후쿠시마민보(福島民報)	3건(1, 2, 3면)	20~30대 여성 해당 현에 절반 감소

주: 해당 지역의 특징적인 사항을 담은 제목만을 표시해 소개했으며, 2014년 5월 9일 자(일본창성회의 기자회견 다음 날) 기사를 대상으로 했다.
자료: 도호쿠 지방의 대표적인 지방신문을 참고해 작성했다.

체의 비율이 가장 높은 아키타현의 지역신문 ≪아키타사키가케신보秋田魁新報≫는 세 곳의 지면을 할애해 그 내용을 상세히 보도했다. 보도에는 "한계 마을이 지방자치단체 전체로 확대되고 있는 느낌을 받고 있다"라는 어느 시청 직원의 의견을 소개하며, 위기감이 확대되고 있다는 것을 보도했다. 여기에서는 도호쿠 지방의 예를 언급했으나, 다른 지역에서도 비슷한 내용이 보도되었다.

더욱이 이러한 소멸 가능성이 있는 시정촌에 대한 발표가 6월 지방의회 개최 직전에 이루어졌기 때문에 이 문제에 관한 질문 공세가 여러 곳에서 이어졌다. 앞서 언급한 아키타현의 현 의회에서는 의원 9명 중 7명이 인구 감소 대책에 관해 질문했다.

이와 같은 대대적인 보도 때문에 의회에서 많은 질문 공세를 받았고, 이것을 또 다시 미디어가 보도하는 현상이 생겨났다. 이 시기에 언론에 대해 의도적인 공식 발표를 했는지는 차치하더라도 지방에서의 사회적 반향이 확대되고 그것이 장기간 이어진 점만 보더라도 「마스다 보고서」는 성공을 거두었다.

그리고 지방뿐만이 아니라 최근 몇 년 사이 예가 없을 정도로 사회의 여러 계층에서 「마스다 보고서」에 대한 반응이 나타났다. 이는 대략 세 가지 형태의 반응으로 나눌 수 있다.

첫째, 장래의 '시정촌 소멸'이 필연적이기 때문에 농산촌, 어촌 지역을 '걷어치울' 필요가 있다고 보는 '농촌 걷어치우기론'이다. 이것은 「마스다 보고서」에서 직접 주장한 것은 아니지만, 보고서에 이 내용이 내포되어 있다고도 볼 수 있다. 앞에서도 논했듯이 한편에서는 지방의 소멸 가능성을 주장하고, 다른 한편에서는 정책적 투자인 '선택과 집중'을 주장하는 것은 투자가 집중될 것으로 예상되는 지방 중추 거점 도시(정령 지정 도시를 포함) 외의 지역, 즉 농산촌 및 어촌 지역에는 철수를 권하는 것으로 들린다. 더욱이 이것은 종래 일컬어지던 '농촌 불필요론'에서 한발 더 나아가 소멸하고 있는 특정 지역을 국토 끝자락에서 걷어치우는 정책을 제기하고 있다고도 볼 수 있다.

노골적으로 농촌 걷어치우기론을 주장하려는 논의도 있다. 「마스다 보고서」이전의 발언인데, 경제 분석가인 마스다 에쓰스케增田悦佐 씨는 도쿄의 계속되는 인구 집중을 제기하며 "백해무익한 농촌 생활을 장려하는 정책을 그만두고, 대도시 중심부로 인구와 경제활동을 집중시키는 정책을 방해하지만 않는다면, 고도성장을 재현하는 것은 꿈같은 이야기가 아니다"라고 언급했다.*

이러한 극단적인 주장 외에도 농촌의 소멸을 예상하며 농촌의 존재를 부정하는 논의가 여러 곳에서 나타났다. 앞에서 소개한 신문 칼럼은 이를 전형적으로 보여준다.

둘째, 중앙 부처 및 그 주변에 나타난 '농촌 걷어치우기론'의 변종이라고도 할 수 있는데, 이를 '제도 리셋론'이라고 부르도록 하겠다. 인구 감소와 지방자치단체 소멸 예측을 기회로 삼아 지금까지의 사회적 구조와 제도를 새롭게 리셋하려는 발상이다. 이것은 어떻게 보면 시정촌 소멸이라는 쇼크를 이용하려는 급진 개혁이다. 나오미 클라인Naomi Klein이 『쇼크 독트린』에서 밝힌 "대참사를 기회로 삼아 실시하는 과격한 개혁"에 빗댄다면 '시정촌 소멸 쇼크 독트린'이라고도 할 수 있다.

이때 재빠르게 움직인 것이 지방 제도 개혁이다. 「마스다 보고서」(제2보고서) 발표 직후인 2014년 5월 15일에 시작된 제31차 지방제도 조사회는 아베 총리로부터 '개성을 살리고 자립하는 지방을

• 增田悦佐, 『高度成長は世界都市東京から』(KKベストセラーズ, 2013).

만든다는 관점에서 인구 감소 사회에 신속하고 적절하게 대응하는 3대 도시권 및 지방권의 지방행정 체제의 자세, 의회 제도와 감사 제도 등 지방 공공단체의 거버넌스의 자세 등'에 관해 자문을 얻었다. 총회에서는 위원으로 참가한 여러 명의 국회의원이 시정촌 소멸론을 의식한 도주제道州制에 대해 기대감을 표시했다.

이렇듯 일부의 중앙정부 부처와 관료들 사이에서는 시정촌 소멸론이라는 인위적으로 생성된 쇼크가 모든 제도를 급진적으로 리셋하기 위해 마치 마법이라도 부리고 있는 듯하다는 것을 부정할 수 없다. 또 이러한 때에는 현재의 상황이 지금까지와는 불연속적인 장소에 있는 것처럼 연출되기 마련이다. 현실적으로 그동안의 논의와 보도에서는 '과소'라는 용어의 등장 빈도가 눈에 띄게 줄어들었다. 그것은 '과소'가 아니라 '소멸'이라는 다른 단계에 있다는 점을 강조하고 있기 때문인지도 모른다.

셋째, '지방 소멸'로 지명된 지역에서 생겨난 '어차피 소멸할 거라면 이만 포기하자'라는 분위기이다. 이러한 반응을 '포기론'이라 부르겠다. 이에 관해 전국 정촌회의 사카모토 마코토坂本誠 씨는 '소멸 가능성'의 지명을 받은 어느 지역 행정 수반의 발언을 소개했다.

마을의 어느 중학생이 이런 질문을 하더군요. "정장님, 이 마을이 사라진다는데, 저희들은 어떻게 하면 좋을까요?", "부모님은 이런 곳에 있어도 도리가 없다고 하셨어요"라고. 지방자치단체가 소멸한다는 말이 나도는데, 도대체 누가 책임질 건가요?*

이 마을은 마을 만들기를 비롯해 새롭게 농업에 종사하기 시작한 사람에 대한 지원도 적극적으로 실시해온 곳이다. 그러나 중학생의 눈에는 신문이나 뉴스를 통해 흘러나오는 '소멸 가능성 목록'에 관한 보도가 더 충격적이었던 것이다.

또 중부지방의 어느 지방자치단체의 기획 담당 책임자는 「마스다 보고서」(제2보고서) 발표 이후, 의회에서 마을의 의원으로부터 "향후 어떻게 할 것인가?"라는 질문 공세와 함께 주민으로부터 "어차피 이 마을은 없어지겠지"라는 단념한 듯한 목소리를 접하면서 피로감을 느꼈다고 밝혔다.

마스다 씨는 세간의 반응에 "2014년 5월에 발표한 '소멸 가능성 도시 896곳 목록'은 각지에서 큰 반향을 불러일으켰다. 소멸이라는 단어를 사용한 것에 대해 어떻게 여길지 궁금했는데, 아주 냉정하게 받아들인 것 같다"라고 말했다.* 포기나 피로감이 목소리에 나오지 않아 얼핏 보면 냉정하게 받아들인 것처럼 보인다. 그러나 이에 따른 부작용으로 지역이 큰 혼란에 빠진 것을 알아야 한다.

이상으로 요약건대 '시정촌 소멸', '지방 소멸'이라는 말이 나오자 노골적으로 '농촌 걷어치우기론'이 주장되기도 하고, 일부 농촌 지역에서는 '포기론'이 생겨났다. 그리고 이 틈을 타 '제도 리셋론'도 부상해 각 지역에서 여러 주장이 얽히고설켰다.

• 坂本誠, 「「人口減少社會」の罠」, ≪世界≫, 9月 号(2014).
• 增田寬也, 『地方消滅』(中央公論新社, 2014).

이러한 상황에서 농산촌의 현실을 다시금 되돌아봐야 할 것이다. 이 지역은 과연 '소멸'을 향해 앞으로 나아가고 있는 것일까? 그렇다면 그것을 막을 힘이 농산촌 안에는 없으니 당연히 걷어치워도 되는 것인가? 또 '포기론'이 지역에서 확대된다면 그것은 어째서일까? 1장에서는 농산촌 현장 속으로 깊숙이 들어가 살펴보고자 한다.

1장
—

농산촌의 실태
공동화와 소멸 가능성

1. 농산촌 공동화의 진전

세 가지 공동화

농산촌에서는 지역의 공동화가 실제로 진행되고 있다. 필자는 '사람의 공동화, 토지의 공동화, 마을의 공동화'라는 문제를 계속하여 제기해왔다.* 이 세 가지에 관해 다시 정리해보겠다.

• 小田切德美, 『農山村再生』(岩波書店, 2009).

① 사람의 공동화

농산촌의 과소화는 고도 경제성장기에 눈에 띄게 나타났다. 가장 처음 생겨난 과소법은 1970년의 '과소 지역 대책 긴급 조치법'이다. '긴급 조치'가 필요할 만큼 인구 감소가 심각했던 것이다. 이러한 현실은 당시의 문헌에 잘 나타나 있다. 예를 들면 '과소'라는 조어가 생겨난 주고쿠 산지中國山地의 지역신문사에서 인구 유출에 관해 다음과 같이 생생하게 기록하고 있다.

최근 10년간 마을 인구가 30~40% 감소한 곳이 속출했다. 과잉인구라고 하면 그만이지만, 마을에 남은 사람들의 질적 에너지를 환산한다면 마을의 힘이 10분의 1로 줄어들었다고 해도 좋을 것이다. 더구나 남겨진 사람들 중에는 "이웃이 당장에라도 마을을 떠날지 몰라 일이 손에 잡히질 않는다"라고 이야기하는 사람도 있었다고 한다. 마음의 준비도 없이 마을의 생활 기반이 바뀌고 있는 것이다.*

민속학자 미야모토 쓰네이치宮本常─ 씨도 이 시기의 급격한 변화를 다음과 같이 기록했다.

특히나 경작지도 좁고 노동조건도 나쁜 세토 내해瀬戸内海의 섬 지

---

* 中國新聞社, 『中國山地(下)』(未來社, 1987).

역에서 마을을 떠나는 사람들의 수는 놀라울 정도로 증가하고 있다. 히로시마현廣島縣 에타지마江田島 의 경우에는 1961년 1월부터 9월 사이에 1300명이 섬 밖으로 나갔다고 한다. 한 달에 14~15명씩 섬을 져버린 꼴이 되는 것이다.

청년 모임은 고향을 더 살기 좋은 곳으로 만들고자 하는 사명감이 있었다. 농촌의 미래를 짊어지고 가려는 의지도 강했다. 그랬던 것이 갑자기 퇴색되고 있다. 도시가 놀라울 정도로 발전하고 있어 그들의 미약한 힘만으로는 농촌의 재건 따위가 당치도 않다는 절망감이 그들을 그렇게 만들었다.

미야모토 씨는 "그런 만큼 마을에 남아 있는 사람들에 대한 공로에 경의를 표하고 격려할 필요가 있다"라고 하며 마을을 떠나지 않는 몇몇 젊은이들의 고뇌와 고립감에 가까이 다가가려 했다.

이 두 가지 기록을 통해 알 수 있듯이 인구 이동은 마치 산사태 때문에 뭐든지 다 삼켜버릴 듯이 흘러내리는 진흙과도 같아 그것에 저항하는 것은 불가능했다. 다시 한번 주고쿠 산지의 지역신문 내용을 인용하자면, "100년 동안 기본적으로 거의 변화가 없었던 농촌 생활이 최근 10년간 단번에 변화의 물결에 휩싸였다. 그 물결에 뒤덮여 어디로 흘러갈지 방향을 잃어버린" 상황이 된 것이다.

그러나 1970년대 저성장기로 들어서자 도시로부터의 흡인력이 약해지고 정책 지원으로 농산촌의 생활 조건 정비가 진전되면서 이전의 눈사태와 같은 인구 유출은 진정세로 돌아섰다. 그런데 과소화는 그 이후 제2막으로 돌입했다. 인구의 사회이동에 따라 인구 피라미드는 크게 비뚤어지고 출생자 수보다 사망자 수가 많은 인구 자연 감소 사회가 시작된 것이다. 제도상의 과소 지역으로 한정하더라도 그러한 변화가 생긴 것은 아주 오래전 이야기가 아니라 1988년의 일이다.

2011년도의 숫자를 보면 과소법 지정 시정촌(775개 단체) 합계의 인구 감소 수는 13만 7000명이지만, 그 62%가 자연 감소(출생, 사망)인 것에 비해 사회 감소(전입, 전출)는 38%이다. 현시점에서 과소 지역의 인구 감소는 고령화에 따른 인구 자연 감소가 전체를 주도하고 있으며 농산촌의 '인구 공동화'는 계속되고 있다.

② 토지의 공동화

이러한 고도 경제성장기의 '사람의 공동화' 이후에 '토지의 공동화'가 연쇄적으로 발생했다. 그러나 이것은 시간 간격을 두고 약 20년 후인 1980년대 후반 이후에 모습을 드러냈다.

그 요인은 복합적인데, 이 시기는 농촌에 남은 부모 세대가 농업 퇴직기로 들어선 시기와 일치한다는 점이 중요하다. 즉, 다음과 같이 설명할 수 있다. 1960~1970년대의 인구 유출기에도 농촌에 남아 있던 당시의 중노년층은 그 후 농업기계화로 노동력을 절감하게 되면서 후계자 없이도 농업을 계속할 수 있었다. 그렇지만 1980년대 후반이 되자, 그들은 70~80세가 되어 영농을 계속하기 힘든 상태가 되었다.

이에 따라 1980년대의 농촌에서는 농지 유동화의 기운이 고조되었으나, 동시에 전반적인 고령화의 진행으로 지역 내에서 농지를 맡을 농가가 한정되었다. 그러나 그러한 농가마저도 후계자가 타지로 나간 고령 농가였으며, 연령이 그나마 조금 젊은 층이었다는 이유로 경작을 부탁할 수 있었다. 이와 같이 농지가 있어도 감당하기 어려운 농가가 계속해서 생겨나고 급기야는 인수자도 찾지 못한 채 농지가 황폐화되는 현상이 발생했다.

필자는 이런 과정을 야마구치현 동부 산간 지역의 실태 조사를 통해 관찰해왔다. 농지를 빌린 고령자의 부담이 현실로 나타나, 소작료를 지불하기는커녕 대부분 무료로 부탁하거나 잘 부탁한다는 표시로 지주가 선물을 가지고 오는 실태도 나타났다. 그럼에도 불구하고 농지를 빌리는 사람이 소작을 귀찮게 여겨 농지를 빌리는 이가 단기간에 자주 바뀌었다. 이는 농지 대차 자체가 유동화되는 현상이다. 그리고 농지를 맡아줄 이를 찾지 못한 농지가 방치 경작지로 전락한 것에 대해 필자는 '유동적 농지 대차 현상의 농지 붕괴로의 전환'이라고 문제를 제기했다.* 이것이 바로 '토지(이용)의 공동화'인 것이다.

이러한 상황이 명백해지자 농림수산성이 새롭게 발굴한 용어가

---

* 小田切德美,『日本農業の中山間地帶問題』(農林統計協會, 1994).

바로 '중산간 지역(지대)'이다. 이 용어가 처음 등장한 것은 1987년 이다(쌀 가격 심의회 소위원회 보고). 일본 농업의 고질병은 그때까지만 해도 '후계자 과잉', 그리고 '농지 부족'이었다. 그러나 이들 지역에서는 여태까지 경험한 적 없는 '후계자 부족' 현상이 나타났다. 그러한 현상은 과소화가 진행되는 산간 지역에서 현저하게 나타났다. 산간 지역과 그 주변부(중간 지역)에서 도대체 무슨 일이 벌어진 것일까? 정책 결정자 측은 이러한 문제의식에서 지역을 특정화하기 위해 '중산간'이라는 용어를 사용하고 이를 새로이 정의했다. 이 용어는 원래 '중간 정도의 산간부'라는 의미로 주고쿠 산지의 특정 지역을 가리키는 말(1960년대부터 볼 수 있음)이었는데, 이 단계에서 새로운 의미로 재탄생한 것이다.

③ 마을의 공동화

1980년대 후반에 눈에 띄게 나타난 '토지의 공동화'에 이어 1990년대 초반에는 '마을의 공동화'가 생겨났다. 여기서 '마을'은 행정리가 아닌 자연촌을 의미한다.

이 마을의 변화에 대해 사회학자 오노 아키라大野晃 씨는 다음과 같이 밝혔다. 배경은 1991년 고치현高知縣의 산골 마을이다.

마을에 독거노인 세대가 생활하고 있어 …… 이에 따라 사회적 공동생활을 유지하기 위한 기능이 약해지고 구성원 간의 상호 교류가 희박해졌으며 각자의 생활은 개인적이고 폐쇄적으로 변했고, ……

이상의 결과로 마을 구성원의 사회적 생활 유지가 곤란해졌다. 이러한 과정 때문에 마을 사람들이 사회생활을 영위하는 데 한계에 처한 마을, 그것이 한계 마을이다.*

현장을 조사하던 연구자의 눈에는 마을 내의 인구 규모가 축소되고, 고령화가 진전되어(사람의 공동화) 농림지의 황폐(토지의 공동화)로 이어지며, 마을의 기능이 눈에 띄게 정체되는(마을의 공동화) 현상으로 비친 것이다. '한계 마을'이라는 자극적인 이름과 이에 대한 정의, 그리고 단면만을 보고 앞을 내다보고 있는 오노 씨의 인식을 비판하지 않을 수 없으나, 마을의 실태를 농림업의 상황만이 아니라 생활의 측면을 통해서 명백하게 밝힌 점은 평가받아야 할 것이다.

공동화의 확대

이와 같이 농산촌에서는 사람, 토지, 마을의 세 가지 공동화가 단계적·중첩적으로 진행되고 있다. 〈그림 1-1〉은 야마구치현山口縣 중산간 지역의 장기적인 경향으로서 그 과정을 확인한 것이다. 사람(농가 세대원 수)의 공동화가 1960년대부터 먼저 발생하고, 그 이후에는 점차적으로 감소한 것을 알 수 있다. 이러한 움직임은 대략

---

* 小野晃, 「山村の高齢化と限界集落」, ≪經濟≫, 7月 号(1991).

그림 1-1 사람, 토지, 마을의 세 가지 공동화 전개(야마구치현 중산간 지역, 1960~ 2000년)

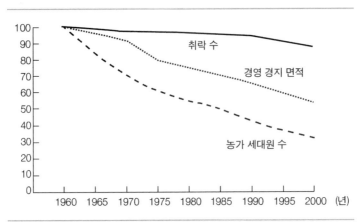

주: 2000년 시점의 중산간 지역의 구분에 따라 각 연차 데이터를 재집계했다.
자료: 오다기리 도쿠미·사카모토 마코토(阪本誠), 「중산간 지역 마을의 동태와 현상(中山間地域集落の動態と 現狀)」, ≪농림업문제연구(農林業問題研究)≫(제40권 2호, 2004)와 「농업 센서스(農業センサス)」(각 연도 판)를 참고해 작성했으며, 일부 가필을 인용했다.

10년에서 15년이 지난 후, 잇따라 직선으로 감소하고 있는 토지(경영 경지 면적)의 동향도 알 수 있다. 그리고 마을(취락 수)은 선행하는 두 가지 요소와 상관없이 1990년까지 거의 변하지 않았으나 이후부터 10년간 조금씩 감소 국면에 들어섰다.

또한 이 세 가지의 공동화 현상을 둘러싸고 흥미 깊은 것은 그 시기마다 논의된 '과소', '중산간 지역', '한계 마을'이라는 용어가 모두 조어(내지는 새로운 의미로 사용된 용어)라는 점이다. 저널리스트, 연구자, 행정 관계자는 새로운 현상(과소, 한계 마을)과 그러한 현상이 집중적으로 나타난 장소(중산간 지역)에 관해서 문제를 제기하기 위해 새로운 용어를 만들어야 했을 것이다.

그리고 이 '과소'라는 조어가 생겨난 곳은 1960년대 전반의 시마네현島根縣 이시미石見 지방으로, 주고쿠 산지의 정중앙이라 할 수 있다. 이러한 현상은 이곳을 기점으로 시작되어 다른 지역으로 급속하게 퍼져나갔다. 이에 관해 〈표 1-1〉에서 확인할 수 있다. 이는 지역별, 지역 유형별 농지 면적 감소율을 나타낸 것인데(자료의 제약으로 1990년 이후 2005년까지로 한정), 이 표에서 중요한 의미를 나타내는 것은 색칠한 부분이다. 이것은 농가 호수 감소율과 경영 경지 면적률을 비교해 후자가 전자를 웃도는 상황을 나타내고 있다. 달리 말하자면 한 호수당 평균 경영·경지 면적이 감소하고 있는 지역이다. 즉, 토지의 공동화가 심각하기 때문에 지역 전체 농가의 농업 경영 규모 축소가 진전되고 있는 것을 의미한다.

1990년대 초반에 이러한 지역은 서일본의 주고쿠中國, 시코쿠四國의 산간부에 출현했다. 그러나 〈표 1-1〉의 42개 지역(지역 14개 × 지역 유형 구분 3개) 중에서 색을 칠한 지역은 8개 지역에 지나지 않아 예외로 보아도 좋을 상황이었다. 그것이 1990년대 후반에 동일본을 도화선으로 2000년에서 2005년에 가히 폭발적으로 확대되었다. 24곳 지역과 전체의 과반에 이르렀으며 오히려 이에 해당되지 않는 지역이 소수였다.

이상에서 밝힌 것과 같이 지역 전체로서 농가의 평균 규모 축소라는 심각한 상황은 주로 서일본 산간 지역에서 시작되어 평야로 확대되고(공동화가 마을로 내려가는 현상), 또다시 동일본으로 퍼져가는(공동화의 동부 진출 현상) 두 가지 방향으로 진행되었다.

표 1-1 지역별, 지역 유형별로 본 농지 면적 감소율

(단위: %)

	1990~1995년			1995~2000년			2000~2005년		
	평지	중산간	산간	평지	중산간	산간	평지	중산간	산간
홋카이도	0.1	0.3	2.2	1.1	3.6	4.4	1.9	3.7	4.1
도호쿠	2.9	5.8	7.6	3.2	5.8	8.1	5.1	7.7	8.2
호쿠리쿠	4.2	7.3	7.0	5.0	7.9	10.2	9.1	9.0	11.1
기타칸토	5.1	7.8	10.2	5.5	8.1	12.0	7.3	8.8	12.4
미나미칸토	6.3	10.0	20.5	7.1	13.5	19.8	6.3	11.5	13.5
도우산	6.8	8.7	10.6	6.8	9.3	11.2	9.0	10.2	10.5
도카이	4.5	6.3	9.4	4.7	6.6	9.4	9.0	9.6	11.6
긴키	3.6	4.8	6.4	3.8	4.9	7.6	8.0	7.5	9.9
산인	5.0	7.9	8.4	7.8	10.2	11.4	13.3	12.4	11.2
산요	7.0	9.8	8.6	6.1	9.5	11.1	8.7	11.9	11.8
시코쿠	6.8	10.4	14.4	6.3	9.4	12.4	9.8	12.0	11.6
기타큐슈	6.9	10.5	10.8	4.7	8.2	10.0	5.2	8.4	10.6
미나미큐슈	5.8	7.9	9.4	2.0	5.7	8.7	4.2	8.0	8.5
오키나와	6.5	17.3	6.8	5.2	11.8	8.0	10.1	9.1	21.3

주: 1) 음영 처리된 부분은 농지 면적 감소율이 농가 호수 감소율을 초과하는 지역을 나타낸다.
   2) '도우산'은 나가노현(長野縣), 야마나시현(山梨縣)을 가리킨다.
자료:「농업 센서스(農業センサス)」(각 연도 판)를 참고해 작성했다.

그 결과 지금은 일본열도의 북동부를 제외하고 거의 모든 지역을 뒤덮은 '일본열도의 주고쿠 산지화' 현상이 계속적으로 나타나고 있다.

2. 강인한 농산촌 마을

마을 공동화의 3단계

지금까지 살펴본 것처럼 일본의 농산촌에서는 여러 가지 공동화 현상이 진행되고 있으며, 실제로는 평야부를 포함해 농촌 전체로 확대되고 있다. 이것을 극단적으로 논한 것이 '지방 소멸론'이라 할 수 있다. 그렇다면 공동화와 소멸 현상은 직선적으로 불가피하게 진행되는 것일까? 또 그 논의에서 나온 농촌 걷어치우기론은 필연적인 것일까?

실제로 농촌 지역을 보면 약간 다른 상황을 발견할 수 있다. 그래서 필자가 마을을 조사하면서 얻은 결과를 바탕으로 〈그림 1-2〉와 같이 나타냈다. 여기에서는 과소화로 동반되는 농산촌 마을의 인구와 마을 기능의 동태를 두 가지 선으로 표현했다.

조금 복잡한 실태이기 때문에 시간별로 그 특징을 정리했다.

① A점 → B점(사람의 공동화가 시작된 시기)

농산촌에서는 과소화 초기 단계에 급격한 인구 감소가 진행되었다(A점과 B점 사이). 이는 앞에서 논한 '사람의 공동화'가 시작된 시기에 해당한다. 이 시기에는 인구의 급격한 감소에도 불구하고 마을 기능에 아직 눈에 띌 만한 변화가 없었다. 세대수와 인구가 감소하자 마을의 직무 통합과 폐지, 또는 마을 내의 조직 재편 등으로 대처했다. 농산촌에는 유연한 상황 대응으로 저하된 마을 기능을

그림 1-2 마을 기능이 취약해지는 과정(모식화)

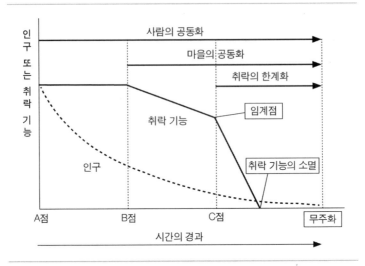

자료: 가사마쓰 히로키(笠松浩樹), 「중산간 지역의 한계 마을 실태(中山間地域における限界集落の実態)」, ≪계간 주고쿠 총연(季刊中國総研)≫(32호, 2005)를 가필하고 수정했다.

원래로 되돌리는 복원력이 존재한다.

　지역에 따라 차이는 있지만, '한계 마을'의 기준으로 자주 사용되는 '고령화율(65세 이상의 인구 비율) 50%'의 마을에 대해 이 단계에 도달하면 한계라고 평가해버리는 것 자체가 잘못된 것이다. 이 논의는 농산촌 마을이 지닌 강인함을 간과한 것이다.

② B점 → C점(마을의 공동화 시작 기간)

　그 후 인구 감소는 자연 감소가 중심이 되어 속도가 저하되었으나 어느 시점부터 마을 기능의 저하가 눈에 띄게 나타났다(B점 이후). 실태 조사와 통계분석에 따르면 이 단계에서 볼 수 있는 것은 마을의 농업 관계 활동이 후퇴한 것이다. 쌀의 생산 조정을 둘러싼 회의 등도 이 단계에서는 어려워진다. 그러나 모든 마을 활동이 정지하는 것은 아니다. 축제 또는 도로 보수공사 등 생활면에서의 공동 작업은 계속된다. 〈그림1-2〉에서 모식적으로 마을 기능을 나타내는 선을 완만한 하향선으로 표현한 것은 이 때문이다. 마을 기능이 저하하고 있기는 하지만 '아직은 어떻게든 해나갈 수 있는' 단계이다.

③ C점 이후('마을 한계화' 시기)

그러나 농촌 지역에 남아 있는 고령자가 사망하거나 혹은 도시에 나가 있는 자녀 곁으로 떠나게 되면서 인구 감소는 더욱더 진행되고 있다. 마을의 기능은 어느 시점부터 전면적으로 급격히 취약해지기 시작한다. 이 시점에서는 생활과 직접 연결되는 마을 기능조차도 쇠퇴하기 때문에 마을의 실제적인 '한계화'는 여기에서 시작된다. 〈그림 1-2〉에서는 그것을 임계점이라 칭한다. 마을의 질을 물리적 현상으로 볼 수 있을 정도로까지 불연속적으로 변화하기 때문이다. 이 단계가 되면 주민의 포기가 지역 내로 급속하게 퍼져나간다. '이제 무엇을 해도 마을은 힘들다'라는 주민 의식이 일반화되는 것이다. 이 임계점은 수해와 지진 등의 자연재해를 겪고 나서 생기는 경우가 많다. 또 수확의 기쁨을 물거품으로 만드는 야생동물에 따른 피해도 그 계기가 될 수 있다. 이 모든 것이 주민에게

가하는 심리적인 타격은 매우 크며 그것이 포기를 증폭시킨다. 그리고 이 상황이 계속되면 마을 내에 극소수의 고령자만이 남는 상태가 될 것이다.

모임을 갖는 일은 물론 모든 공동 활동은 사라질 것이다. 이러한 마을을 걷다 보면 남아 있는 주민들로부터 '여생을 보내기에 지금은 아무런 문제가 없다'라는 말을 듣게 되기도 하는데, 어쩌면 농촌의 이러한 흐름을 방관하는 심정을 표현하고 있는 듯하다.

위와 같은 마을 공동화의 과정 속에서 강조하려는 것은 마을의 강인함이다. B점까지는 물론, C점 직전까지 '아직 어떻게든 해나갈 수 있다'는 상황에 주목한다. 이에 관해 〈표 1-2〉를 통해 확인하도록 하겠다. 〈표 1-2〉는 과소 지역의 약 6만 5000개 마을의 장래 동향을 정리한 자료로, 지역 내의 마을 각각에 대해 지방자치단체 담당자가 예상한 내용을 집계한 것이다.

첫째로 과소 지역 전체에서 마을 소멸 가능성이 없다고 판단된 비율이 83%를 차지하고 있다는 점을 알 수 있다. 이 데이터가 과소 지역에 한정되어 있다는 점을 고려하면 꽤나 높은 편이다. 둘째로 '한계 마을'의 기준이 되는 고령화율 50% 이상의 마을의 동향이다. 여기에서도 역시나 70%가 '소멸 가능성은 없다'고 답했으며, '10년 이내에 소멸' 가능성이 있는 마을의 비율이 높아졌다고는 하나 3.5%에 지나지 않는다. 이를 통해 '한계 마을'의 통계적 기준이 얼마나 어긋나 있는지 알 수 있다.

그렇다고 하더라도 셋째, 고령화율과의 관계는 뿌리가 깊다. '10

표 1-2 과소 지역 마을의 소멸 가능성(2010년 조사, 구성비)

(단위: 곳)

고령화율로 마을 구분	소멸 가능성 없음	소멸 가능성 있음			무응답	합계 (실제 수)
		소계	10년 이내	향후 언젠가		
25% 미만	85.2	2.4	0.5	1.9	12.4	100(8,353)
25~50%	86.4	1.5	0.1	1.4	12.2	100(44,912)
50~75%	74.0	12.7	1.4	11.4	13.3	100(8,350)
75~100%	54.7	37.0	6.9	30.0	8.3	100(1,166)
100%	36.0	59.0	28.3	30.6	5.0	100(575)
고령화율 50% 이상	69.6	18.2	3.5	14.6	12.2	100(10,091)
합계	83.4	4.3	0.7	3.6	12.3	100(64,954)

주: 1) 과소 지역의 지자체를 통한 조사(801곳 시정촌, 회수율 100%)에서 소멸 가능성은 담당자의 판단에 따랐다.
　　2) 고령화율은 마을 인구에서 차지하는 65세 이상 인구의 비율이다.
　　3) 고령화율이 불명확한 마을이 있어, 각 항목의 실제 수를 합산해도 합계와 일치하지 않는다.
자료: 총무성 과소대책실(総務省過疎対策室), 『과소 지역 등의 마을의 상황에 관한 현황 파악 조사(過疎地域等
　　における集落の状況に関する現況把握調査)』(2011)를 참고해 작성했다.

년 이내에 소멸'할 것이라는 마을 비율을 고령화율별로 보면 고령화율이 상승함에 따라 그 비율도 높아지고 있다. 특히 고령화율이 100%인 마을에서는 59%가 '소멸의 가능성이 있다'라고 추정하고 있으며, 그중 28%가 '10년 이내에 소멸'할 것이라고 예상하고 있다. 이것이 바로 '한계 마을'에 대한 일반적인 인식일 것이다.

그 점에서 네 번째로 기준이 어긋나 있다고는 하더라도(고령화율은 50% 이상이 아니라 100%에 가까움) 고령화가 눈에 띄게 진행되어 마을에 한계화를 초래한다는 점은 분명하다. 그러나 〈표 1-2〉의 실제 수치에서 알 수 있듯이 실제로는 고령화율 100%인 마을은 과소 지역 전체 안에서도 575곳밖에 없다. 그것은 과소 지역 총 마을

수의 0.9%에 지나지 않는다.

즉, 일부 마을에서 한계화가 진행되고 있기는 하지만, 농산촌 마을은 기본적으로 존속하려는 힘이 작용하고 있는 것이다.

'초고령화 마을'의 도전

이러한 마을의 강인함을 보여주는 사례로 야마구치현 A 마을의 실태를 소개하고자 한다. A 마을은 야마구치현 동부 산간 지역에 위치하고 있다. 이 마을은 현재 합병을 통해 광역시가 되었으며 A 마을에서 중심부까지는 약 1시간이 걸리는데, 합병 이전 마을의 중심부까지는 15분 정도 걸린다. 조사 당시(2006년 2월) 마을의 세대수는 4호수, 인구는 5명(1세대만 부부, 그 이외는 독거 세대)이었다. 이 전에는 10호수 정도 있었으나, 태풍 피해 때문에 5~6호수가 일제히 마을을 떠났다.

현재 5명의 주민은 전원이 65세 이상이며 그중 3명이 75세 이상이다. 즉, 고령화율 100%, 후기 고령화율 60%이다. 후계자 세대는 40대의 동년배가 많고, 어릴 때부터 알고 지낸 경우가 많은데, 현재는 모두 마을 밖으로 나가 있다. 그러나 추석과 설날에는 귀성하는 이들이 많고 최근 관계가 더욱 끈끈해졌다.

마을의 주요 활동으로는 매년 3월에 열리는 총회 이외에 마을 도로와 수로 유지 보전 관리가 있다. 그러나 마을 전체에 걸쳤을 때 최대의 과제는 농지보전이다. 주거지와 농지를 분지 안에 포함하고 있는 지형적 조건에서 볼 때 농지는 경관을 포함한 생활공간이기 때문에 보전할 필요가 있다. 이 농지 면적은 약 2.3헥타르에 불과하며 그중 포장 정비가 끝난 논은 약 2헥타르, 그 외는 밭과 과수지이다.

필자 일행이 이 마을을 방문한 목적은 수치상으로 '초고령화 마을'이라 할 수 있는 곳이 농림수산성 주관의 '중산간 지역 등 직접 지급 제도'를 실시하거나 혹은 더 부담이 큰 제도에 도전하고 있는 이유를 조사하기 위해서였다.* 중산간 지역 등 직접 지급 제도는 2000년도부터 시작된 농림수산성의 중산간 지역 대책이다. 조건이 불리한 농지에 대해 평야부 농업 생산에 드는 비용과의 격차 일부를 교부금으로 직접 지급하는 것이다. 교부금을 받기 위해서는 지역 단위로 '마을 협정'을 체결해('개별 협정'에 따라 개인 취득도 가능하나 실제로는 극소수이다) 농지를 유지하고, 마을 만들기를 진행해 공동의 지역 활동을 할 필요가 있다. 그 경우 교부 금액의 반 이상은 협정을 맺은 지역 전체에서 이용하는 것이 바람직하다. 또 2005년부터 시작된 제2기 대책(1분기 5년간)은 협정 내용에 따라 지급하는 금액에 차이를 두고 있으며, 공동으로 운영하는 마을 영농 조직을 발족한 경우에는 교부금의 단가가 높아진다. 이 마을에서도 공동 작업을 운영하는 영농 조직을 만들었다.

마을 대표(남성, 당시 82세)는 제2기 대책을 실시하게 된 경위에

* 農村開發記畫委員會, 『限界集落における集落機能の實態の實態等に關する調査報告書』(2006).

대해 다음과 같이 설명했다.

수년 전에는 마을이 사라질 것이라는 위기감이 있었다. 제1기 대책이 나왔을 당초에는 5년도 지탱하지 못할 것이라는 주민 의견도 있었지만 눈 깜짝할 사이에 지나가버렸다. 제1기 대책 기간 중에는 집집마다 후계자가 농사일을 거들고 있는 광경을 볼 수 있었고, 제2기 대책을 실시하기 위한 검토를 시작했다. 추석 귀성 시에는 집집마다 후계자들도 참가해 수확을 축하하는 자리를 마련했고 이를 계기로 2세대 간의 교류도 시작되었다. 그 당시의 모임은 아주 화기애애한 분위기였기 때문에 후계자들도 힘을 얻었으리라 생각한다.

제2기 대책의 마을 협정서에 서명한 후계자 중에 가장 멀리 살고 있는 이는 도쿄 거주자인데, 귀성 시 자주 대화를 나눈다고 한다. 남이라고 느껴지기보다는 오히려 든든하다. 제2기 대책에서 목표를 더 높게 정한 계기는 제1기 대책에서의 실적이 모두의 자신감으로 이어졌기 때문이다. 꼭 이 마을의 농지를 지키고 우리 마을의 자랑거리인 아름다운 수국을 마을 가득 피우고 싶다.

이 마을에서는 마을을 유지하기 위해 농지보전을 하는데, 제도를 활용해 실시하고 있다. 모두 65세 이상이며 그중에는 80세를 넘는 고령자도 있지만, 활기 넘치게 농사일을 한다. 기계를 이용한 작업 등 고령자에게 부담이 되는 일은 외지로 나간 후계자가 담당한다. 추석이나 설날만이 아니라 가까운 곳으로 나가 있는 후계자가 일상적으로 왕래하기 때문에 가능한 것이다.

우리 일행의 조사가 끝나갈 때쯤 마을의 대표는 다음과 같이 말했다.

이곳에서 계속 생활하기 위해서는 선조 대대로 내려오는 멋진 지역 환경을 어떻게 보존할 것인지가 중요하다. 자식들과 손주들에게 깨끗한 물, 반딧불과 기생 개구리가 있는 환경을 꼭 전해주고 싶다.

80세를 넘은 대표는 이 지역을 다음 세대에 전하는 것을 자신들의 임무로 여기며 매일 활동하고 있다. 또 자리를 함께한 후계자(당시 44세, 광역 합병시 중심부에 가족과 거주)는 다음과 같이 자신의 심정을 털어놓았다. 조금 긴 문장이기는 하나, 그의 발언을 모두 소개하고자 한다.

이 지역의 농지는 기반 정비를 마친 상태이고, 기계화 작업이 가능하다는 점에서도 굉장히 가치가 있어, 부모님 세대가 잘 보전해준 것에 대해 매우 감사하고 있다. 길을 조금 더 정비한다면 외지로 나간 이들도 돌아오기 쉬워질 것이라 생각한다. 공동 작업과 공동 기계 작업 구조를 마련해 우리 세대도 일하기가 더욱 수월해졌다.

하지만 우리 자식들 세대 중에는 고향에 살고 있는 사람들만으로는 마을을 유지하기 힘들 것이라고 걱정하는 이도 있다. 그렇기 때문에 마을 만들기 조직 등을 활용해 농업에 직접 관계하고 있지 않은 일반 주민과 도시 주민, 민간 기업, 회사 등 많은 사람과 외부의 힘을 활용해 지역을 응원할 수 있는 장치가 필요하다고 생각한다.

나는 40대가 되어 지역에 대한 애착이 생겨났다. 베스트셀러가 된 『국가의 품격國家の品格』(2005)에서도 언급하고 있듯이 전원 풍경은 사람들의 정서를 풍요롭게 하는 둘도 없는 소중한 것이므로 이를 보존해 반드시 자손들에게 남겨주고 싶다. 나 역시 그런 풍경 속에서 일한 부모님과 이웃 사람들의 모습을 보면서 성장해왔다. 전원 풍경은 일본인들에게 둘도 없이 소중하다고 생각한다.

요즘 세간에서는 국제화라는 말이 성행하고 있지만, 영어 공부보다는 논에 들어가서 제초 작업을 하는 등 사람을 풍요롭게 만드는 것이 국제화에 더 적격한 인간을 양성한다고 생각한다. 각 지방에서만 가능한 바를 남겨두는 것이 결과적으로 마을과 국가를 위한 일이 될 것이다. 여기는 조그마한 마을이지만 이곳을 버리는 것은 국가를 버리는 것과 같다고 생각한다. 작은 마을이지만, 여기에서만 가능한 것이 꼭 있을 것이다. 이제부터라도 마을에 애착을 가지고 나 자신이 가능한 일을 하고 싶다.

지금은 이 마을에 살고 있지 않은 후계자조차 이곳을 다음 세대로 전수하는 것에 관해 의식하고 있다. 앞에서 논한 마을의 강인함은 이렇게 유지되고 있다.

2014년에도 이 마을에서는 변함없이 생활과 영농을 계속했다. 마을 대표는 90세가 되었다. 앞에서 소개한 후계자를 중심으로 기계 작업을 하고, 남아 있는 부모 세대가 제초와 물관리를 하면서 쌀 농사를 계속해오고 있다. 2015년에는 도쿄에 사는 농가 후계자가 퇴직한 후에 마을에 돌아올 예정이었다. 초여름에는 자랑거리인 수국이 마을을 수놓았다.

외지로 나간 후계자의 역할

앞에서 기술한 마을의 모습은 〈표 1-2〉에서 나타난 과소 마을의 실태와 일치한다. 표에서 나타난 마을의 강인함과 지속성의 요인 은 그곳에서 줄곧 생활해온 사람들의 마을에 대한 강한 애착이었 다. 그리고 이러한 지속성을 구체적으로 담보하는 것이 외지로 나 간 후계자층의 존재이다. 농촌사회학자인 도쿠노 사다오德野貞雄 씨 는 "세대가 극소화하더라도 가족은 공간을 초월해 기능한다"라고 지적했다.

외지로 나간 후계자층의 역할은 농사 작업이라는 구체적인 행위 를 대상으로 하면 더 명확해진다. 이미 1987년도 「농업 백서農業白書」 에는 "고령화 진행이 현저한 주고쿠 지방을 중심으로 도시부에 거 주하는 농가 출신의 청장년층 가운데, 주말에 부모님이 계신 고향 으로 돌아가 농업에 종사하는 이른바 '주말 농부'들을 볼 수 있다" 라고 기술되어 있는데, 이러한 실태에 대해 정부도 일찍부터 주목 했다는 것을 알 수 있다.

또 정부는 1990년의 '농림업 센서스'에서 '외지로 나간 후계자'의 농업 종사 유무 및 일수에 대한 조사를 시작했다. 결과에 따르면

표 1-3 세대주의 연령별로 본 농가 벼농사 대응 상황(야마구치현 구 슈토마치, 1990년)

(단위: 호수, %)

		농가 호수		작업 방법별 평균 작업(총 10가지 작업)				
		합계	남편이 없는 경우	자가 노동력만 있는 경우	외지로 나간 후계자 참가	작업 위탁	고용, 공동 작업	합계
부인의 연령	60세 미만	6	1	7.3	1.8	0.5	0.3	10
	60~69세	8	2	5.0	3.7	1.1	0.1	10
	70세 이상	2	1	0.5	8.5	1.0	0.0	10
세대주 부인이 없는 경우		1	-	5.0	0.0	4.0	0.0	10
후계자 외지로 나간 농가 합계		17	-	5.2	3.4	1.0	0.2	10

주: 오다기리 도쿠미, 『일본 농업의 중산간 지대 문제(日本農業の中山間地帯問題)』(1994)를 일부 개편 및 인용했으며, 숫자가 맞지 않는 부분은 원서에서 그대로 가져왔다.
자료: 「농가 실태 조사(農家実態調査)」(1990.9)를 참고해 작성했다.

1990년의 농가 총수 383만 4000호 중 외지로 나간 후계자가 37만 2000명 존재했다. 그리고 그중 51%에 해당하는 3만 3000명이 농업에 종사하고 있다. 역시나 주말 농부의 광범위한 존재를 확인할 수 있다.

이 점에 관한 필자의 조사 결과도 소개하고자 한다. 〈표 1-3〉은 야마구치현 구舊 슈토마치周東町(현재 이와쿠니시)의 농산촌 마을(총 세대수 28호)의 농가 실태 조사 결과를 나타낸 것이다. 마을 내의 농가 중에서 후계자가 외지로 나간 17세대에 대해 벼농사 작업별('육묘'에서 '출하 및 운반'까지의 10가지 작업)로 가족과 외지로 나간 후계자의 분담 상황을 조사해 나타냈다. 특히 〈표 1-3〉에서는 연령이 높을수록 남편이 사망하는 비율이 높아진다는 점에서 세대주 부인의 연령별로 그 차이를 보고 있다. 이에 따르면 세대주 부인이 60세 미만인 세대 중에서 남편이 없는 세대는 1세대뿐으로, 이 6세대 전체로 보면 총 10가지 작업 중 평균 7.3가지 작업을 동거하고 있는 가족만으로 대응하고 있다. 그러나 부인이 고령화가 되면 그 수치는 적어지며 부인의 연령이 70세 이상인 2세대에서는 평균 0.5가지 작업을 가족이 담당하고, 8.5가지 작업은 외지로 나간 후계자가 담당하고 있다.

표시는 생략했으나, 벼농사의 육묘와 물관리, 비료와 농약 등의 관리는 자가 노동력이 압도적으로 다수를 차지했지만, 경운, 수확, 탈곡은 외지로 나간 후계자가 참여하고 있으며 일반적으로 농기계를 이용하는 작업은 젊은 층에 의존하고 있다는 것을 알 수 있다.

예를 들어 어느 농가는 다음과 같이 대응하고 있다.

이 농가는 85세인 세대주와 84세인 아내로 이루어진 전형적인 1세대 농가이다. 철도 회사에 근무하는 장남 부부는 인접 마을에 살면서 히로시마시로 출퇴근한다. 세대주 부부가 담당하는 농사일은 벼농사 물관리와 자가 채소밭 관리뿐이다. 그 외에 모심기, 건조와 조정 등 기계 작업은 다른 농가에 맡기고 비배관리와 수확 작업도 거의 매 주말 다니러 오는 장남 부부가 맡고 있다. 또 쌀 품종 선별과 작업 순서, 시간 결정 등도 맡기고 있다. 수확한 쌀은 세대주 부부와 장남 부부가 각자 필요한 분량을 확보하고 나머지는 농협에 출하한다.*

다른 조사 사례 중에는 아들과 딸 모두 손주를 데리고 와서 추석이나 설날 명절에 대가족이 모인 것처럼 모심기와 벼 베기 등 기계 작업을 돕는 농가도 있었다.

도쿠노 씨가 지적하듯이 가족은 '공간을 넘어' 농업경영에 참가하고 있으며 농지를 유지하면서 마을의 유지에 공헌하고 있는 것이다.

3. 농산촌에 대한 전망: 「마스다 보고서」를 생각하다

과정을 통해 시사하는 점

지금까지의 현상을 통해 농산촌 마을의 동향을 정리해보면 다음과 같다.

첫째, 농산촌 마을은 기본적으로 강한 지속성을 가지고 있다는 점이다. 그것은 지역사회학자인 야마시타 유스케山下祐介 씨가 언급한, "사람들이 이곳에서 살고자 하는 의지와 노력은 많은 사람이 생각하는 것보다 훨씬 더 강하고 깊다. 마을은 그렇게 간단히 소멸하지 않을 것이다"라는 지적과 일치한다.

그리고 그 강인함은 지역을 다음 세대에 전수하겠다는 농산촌

• 小田切德美, 『日本農業の中山間地帶問題』(農林統計協會, 1994).

가족의 강한 의지를 기본으로 한다. 자식 세대 중에는 농사 작업과 마을 일로부터 거리적으로 떨어져 있음에도 서로 협력해 농지와 경관, 지역을 지키려는 의식을 가진 사람을 볼 수 있다. 이러한 점에서 한계 마을론에서 주장하는 것처럼 마을이 현재와 미래에 차례차례 소멸한다는 논의는 올바른 지적이라고 할 수 없다.

둘째, 마을에는 '임계점'이 있다. 건강해 보이는 마을이라도 활동이 급속하게 정체되는 현상은 도처에서 볼 수 있다. 그 직접적인 계기는 수해와 지진 등 자연재해인 경우가 많다. 분명 차세대로 지역을 전수하려는 농산촌 가족의 강한 의지가 강렬한 충격에 따른 포기로 바뀌면서 생기는 현상이라고 생각된다. 당연히 앞서 언급한 총무성 설문에는 그 요소가 들어 있지 않다. 예상하기 불가능하기 때문이다.

이러한 포기는 농산촌에 잠재해 있는 '자긍심의 공동화'와도 관련된다. 앞에서 세 가지 공동화를 지적했는데, 이들은 모두 다 눈에 보이는 공동화이며, 실제로는 그 깊숙한 곳에서 본질적인 공동화가 진행되고 있다. 그것은 지역 주민이 그곳에서 계속 살아가는 의미와 자긍심을 잃어버리는 '자긍심의 공동화'이다. 앞에서 본 야마구치현 '초고령화 마을'의 대표자의 생각과는 정반대로 "우리 자식은 여기에 남지 않기를 원해 도시로 나갔고, 나는 이를 다행이라고 생각한다", "지금의 젊은이들은 이런 곳에서 살지 않을 것이다. 도시로 나가는 것이 당연하다" 등의 말들을 지방에서 듣는 일은 허다하다.

이러한 생각이 어떤 충격 때문에 포기 현상으로 나타나는 것이 '임계점'이다. 즉, '아직은 어떻게든 해나갈 수 있다'라는 마을 대다수 주민들의 기본적인 생각이 '역시나 이제는 힘들다'라고 질적으로 변하는 한계점일 것이다.

이 점에서 일본의 농산촌 마을이 절대적으로 강인함을 지니고 있다고 단정해버리는 것도 잘못이다. 여러 가지 충격이 어느 날 갑자기 '임계점'을 초래한 것은 현재에도 장래에도 있을 수 있는 일이다. 그리고 그 원인이 자연재해라면 이러한 현상은 언제 어디서라도 일어날 수 있다. 따라서 마을이 쇠약해진 것에 대한 위기의식은 모든 지역에서 공유할 필요가 있다. 한계 마을론은 낙관론에 경종을 울린다는 점에서 그 역할을 다했다.

셋째, 여기까지 논한 결과로 분명해졌듯이 농산촌 마을은 '강하고도 약한' 모순의 통합체이다. 장래의 일을 단순히 현재의 추세로 예상할 수는 없다. 현재의 추세에 따라 농산촌의 강인함을 과소평가해버리는 경우가 있는가 하면 거꾸로 과대평가하는 경우도 있다. 즉, 마을을 둘러싼 극단적인 비관론도 그것을 비판하는 과대한 낙관론도 유효하지 않다.

그렇기 때문에 마을 대책에는 심각한 현실 속에서도 '열심히 살아가고 있는' 실태와 그것이 언제 변할지 모른다는 강한 경계심, 그리고 그것을 전제로 한 신속한 대응을 필요로 한다. 니가타현 도카마치시 마을 주민의 말처럼 "희망의 빛은 있다. 그러나 시간의 여유는 많지 않다".

다시 「마스다 보고서」를 생각하다

이쯤에서 「마스다 보고서」에 관해 다시 이야기하려고 한다. 「마스다 보고서」는 '지방의 소멸'을 전망했다는 점에서 한계 마을론과 중복된다. 그것에 관해 논한 오노 씨는 "이러한 한계 마을의 동태는 소멸 마을로의 이정표에 지나지 않으며 여기에서 마을 붕괴에 대한 위기적인 상황을 볼 수 있다"라며 농산촌의 소멸을 전망했다.

양자의 주장에서 공통되는 점은 단편적인 사실에 대한 단순한 연장선상에서 지방과 농산촌에 대해 전망하고 있다는 것이다. 앞에서 논했듯이 그것만으로는 농산촌을 전망할 수 없다. 오히려 그러한 단순한 연장을 초월하는 움직임이 당연하게 발생하는 것을 인식해야 할 것이다.

더구나 이러한 어려움은 별개로 하더라도 「마스다 보고서」에서 예상하고 있는 사항과 관계된 몇 가지 문제점이 있다. 첫째, 「마스다 보고서」에서는 2040년에 20~39세의 지자체 단위 여성 인구를 독자적인 방법으로 추계했을 때 그것이 현재의 절반 이하가 된 경우에는 '소멸 가능성 도시'로 정했다. 그러나 왜 30년 후에 젊은 여성 인구가 절반으로 감소하면 '소멸 가능성'이 있는 것인지 답할 수 있을까? 보고서에서는 "이러한 지역은 아무리 출생률을 올려도 젊은 여성의 유출에 따른 마이너스 효과가 출생률을 웃돌기 때문에 인구 감소가 멈추지 않는 지역이라 한다. 이러한 지역은 최종적으로 소멸 가능성이 높다고 할 수밖에 없다"(제3보고서)라고 했다. 그러나 이러한 추계로는 기준으로 삼는 기간에 인구의 변화율이 마이너스라면 그것을 연장함에 따라 언젠가는 '제로'에 점점 가까워지게 된다. 이를 소멸이라고 한다면 우선 '소멸'에 관해 정의하고 다음으로 그 수준에 도달하는 것이 언제가 될지(언제 소멸할지)를 설명해야 할 것이다. 즉, 이러한 '소멸 가능성'에 관한 주장은 종종 거론되는 "이대로는 장래에 인구가 제로가 되어 일본은 소멸할 것이다"라는 수준의 논의와 전혀 다르지 않다.

둘째, 왜 인구 1만 명 이하가 되면 '소멸 가능성'에서 '소멸'로 바뀌는 것일까? 보고서에서는 "896곳 지자체 중 2040년에 인구가 1만 명을 초과하는 시정촌은 523곳 지자체이며, 이는 전체의 29.1%에 달한다. 이 지자체는 이대로는 소멸 가능성이 높다고 하지 않을 수 없다"라며 어디까지나 '가능성'을 이야기한다. 하지만 이것을 게재한 잡지의 표지를 보면 '소멸할 시정촌'이라고 단정하고 있다. 이 표현은 어찌 보면 잡지 편집상의 문제일지도 모른다. 그렇다고 하더라도 시정촌 인구 규모 '1만 명'을 기준으로 어떠한 질적 차이가 있는지를 보고서 작성자는 설명할 필요가 있다.

그리고 셋째, 최근 도시로부터의 귀농귀촌 경향을 과소평가하고 있다. 이에 대해서는 이 책의 5장에서도 자세히 다룰 것인데, 여기에서는 다음 사항만을 지적하도록 하겠다. 이러한 움직임은 이전부터 계속되고 있지만 특히 2011년 동일본 대지진 이후에 급증하고 있다고 추측된다. 즉, 2010년을 기준으로 삼고 있는 보고서의 추계에는 반영되어 있지 않다. 일부 지역의 추계는 새로운 데이터에 따라 수정할 필요가 있다. 즉, 인구가 소규모인 지자체에서는 약

간의 변화가 장기 추계에 큰 영향을 끼치고 있는 것이 분명하며 최신 데이터에 따른 수정이 불가결하다.

추계 자체에 문제점이 있는 것은 분명하다. 그렇기 때문에 거기에서 도출된 '소멸 가능성'이 남용되고 있는 것을 억제할 필요가 있지 않을까?

그리고 다음 사항에 관해서도 지적하고자 한다. 「마스다 보고서」는 그것을 작성하는 과정에서 중앙정부의 전 최고 간부(전 재무차관, 전 총무차관)가 구성원으로 참가했으며, 언론으로부터는 "배경에는 경제계와 중앙 관료의 실질적인 지원이 있다는 점을 받아들여도 좋을 것이다"라는 말까지 들었다. 그렇기 때문에 우려되는 것이 특정 지역을 지명한 '소멸(가능성)'의 선전 자체가 앞에서 언급한 마을 쇠약화 과정에서의 '임계점' 계기가 된 것이다. 행정학자인 오모리 와타루大森彌 씨는 이렇게 지적했다.

(지자체 소멸은) 일어나지 않을 것이다. 일어난다면 지자체 소멸이라는 최악의 사태를 상정했기 때문에 사람들의 마음이 위축되고, 그 틈을 이용해 철수를 불가피하게 여기게 만드는 것과 같이 인위적으로 시정촌을 소멸시키려는 움직임이 생겨난 경우이다.

'농촌 걷어치우기'는 정책뿐 아니라 언설을 통해서도 진행되고 있다. 그러나 이러한 '걷어치우기'와 '포기'에 맞서는 지역의 움직임에도 주목할 수 있다. 사실 그것이 농산촌에서 시작해 지금은 체계화되어 진행되고 있는 '마을 만들기'의 한 측면이다. 농산촌을 소멸시키기 않으려는 움직임의 실태와 가능성을 2장 이후에서 상세하게 보도록 하겠다.

지역 만들기의 역사와 실천

1. 지역 활성화에서 지역 만들기로

용어로 보는 지역

1장의 마지막 부분에서 살펴보았듯이 최근 농산촌의 '지역 만들기'가 재조명되고 있다. 이번 장에서는 이에 대한 이념과 구체적인 방안까지 폭넓게 논하고자 한다.

우선 '지역 만들기'가 무엇인지에 관해 정리부터 해두겠다. 언급할 용어는 '지역 만들기' 및 이와 유사한 '지역 활성화', '지역 재생' 세 가지이다. 이 세 가지 용어가 어떠한 시대적 문맥에서 사용되고 있는지를 확인하기 위해 작성한 것이 〈그림 2-1〉이다. 여기에서는 각각의 용어를 제목으로 삼는 도서의 발행 권수 추이를 집계했다.

그림 2-1 제목별 지역 진흥 관련 도서의 출판 건수 추이(1970~2012년)

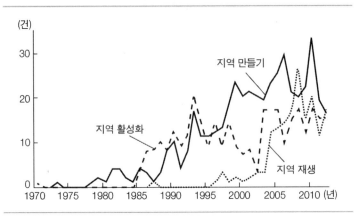

주: 중앙 성청과 지방지자체에서 출판한 경우는 제외했다.
자료: 국립국회도서관 소장 도서를 검색했으며, 신청 시스템에 따른 검색 결과(도쿄 본관의 일본어 도서 대상)이다.

　원래 이들 용어를 제목으로 삼고 있는 도서가 1970년대에는 거의 없었다는 점이 놀랍다. 1970년대 후반은 종종 '지방의 시대'라 일컬었는데, 서적을 통해 그것을 실현한 것은 1980년대 후반 이후의 일이다.

　처음으로 큰 증가 경향을 보인 것이 '지역 활성화'이다. 1986년 이후 1993년경까지는 거의 상승 곡선으로 급증하고 있다. 그 후 다소 시간상의 지체가 있었으며 '지역 만들기'는 1980년대 후반부터 증가했다. 흥미롭게도 전자는 1994년 이후에 일단 감소 경향을 보인 반면, 후자는 최근까지 증가 경향을 보인다는 점에서 차이가 있다. 그리고 '지역 재생'은 2000년대 이후에만 등장하는 용어로 증가 경향이 뚜렷하다.

즉, 대략적으로 말하자면 1980년대부터 현재에 이르는 동안 '지역 만들기'는 어느 시기에도 계속 사용된 용어이지만, 그 기간의 전반부에는 '지역 활성화', 후반부에는 '지역 재생'이 독자적인 용어로 사용되었다.

리조트 개발과 '지역 활성화'

이 중에서 '지역 활성화'가 많이 사용된 1980년대 후반부터 1990년대 전반은 한마디로 말하면 버블 경제의 시대이다. 즉, '지역 활성화'는 워터프론트 개발, 리조트 개발, 민간 활력 도입 등 당대를 상징하는 지역개발의 목표로 등장한 용어이다.

흥미롭게도 각 시대별 지역개발의 지침이 된 '전국 종합 개발계획' 안에 '활성화'라는 용어가 처음으로 사용된 것은 1987년에 등장한 제4차 전국 종합 개발계획에서이다. 그 내용 안에는 "향후 예상되는 자유 시간의 대폭적인 증가에 대비해 자연을 가까이하려는 도시 주민의 수요를 충족시킬 뿐 아니라 교류를 활용한 농산어촌의 활성화를 꾀하기 위해 해양과 연안 지역, 삼림, 농촌 등에서 그 특성을 살린 다목적, 장기 체재형의 대규모 리조트 지역 등의 정비를 행한다"(제4차 전국 종합 개발계획 본문)라는 사항과 농산어촌 활성화를 위한 리조트 개발을 제시하고 있다. 그리고 이 정책 문서의 공표와 거의 동시에 리조트법(종합 보양 지역 정비법)이 제정되었다.

그 배경에는 미·일 무역 불균형에 대한 미국으로부터의 강한 압력에 따라 일본 경제 구조를 수출 의존에서 내수 주도로 전환하려는 당시의 나카소네中曾根 정권의 전략이 있었다. 그리고 때마침 버블 경제하에 농산어촌에는 리조트 개발의 바람이 불어대기 시작했다. 당시에는 호텔, 골프장, 스키장(또는 마리나)의 '3종 세트'라 불리는 민간 자본의 대규모 리조트 시설 유치가 마치 지역 활성화의 비밀 카드인 양 논의되었다. 이 리조트 붐을 탈 수 있을지 없을지가 당시 여러 지역의 장래에 큰 분기점으로 여겨졌다. 그렇기에 지역의 지자체장을 선두로 리조트법상의 중점 정비 지구 지역 지정과 리조트 개발 회사에 대한 요청을 대대적으로 행했다. 당시의 상황에 대해 경제학자 사토 마코토佐藤誠 씨는 다음과 같이 묘사했다.

마을의 발전, 아니 살아남기 위해서는 '리조트밖에 없다'며, 마을의 최고 수장도 자리를 잡고 앉아 아침 6시부터 저녁 10시까지 서류 결재에 몰두했다. 젊은 리더는 술에 취하자 "마을을 팔아넘기는 것은 괴롭다"라고 내뱉듯이 토로했다. 그러나 자신의 마을에서 200헥타르의 땅을 사들이는 데 실패하면 이웃 마을이 입후보할 것이다. 그래서 가만히 있을 수만은 없었다.*

리조트 개발에 따른 '지역 활성화'의 실상이다. 즉, '지역 활성화'라는 용어가 성행했던 이 시기에는 지역 진흥이 경제개발에 눈에

---

* 佐藤誠, 『リゾート列島』(岩波書店, 1990).

띄게 편향적으로 인식되어, 이를 위해서는 리조트 개발이라는 외부 자본 도입과 유치만이 지름길이라는 생각이 있었다. 그것은 전형적인 외래형 경제개발의 움직임이었다. '지역 활성화'에는 이러한 느낌이 어딘가 스며들어 있다.

농산촌을 둘러싼 개발 구도는 이미 고도 경제성장기의 제1차 전국 종합 개발계획에 따른 신산업도시 등의 '거점 개발 방식'에서 시작되었다. 이는 요즘 일컫는 트리클 다운Trickle Down 방식으로, 유치시설이 농산촌(어촌) 깊숙이까지 침투한 것은 처음 있는 일이었다.

그 이후 버블 경제 붕괴(1991년)와 함께 이들 리조트 구상 대부분은 민간 기업의 철수와 참여 중지로 좌절되었다. 지역의 경제적 활성화가 실현되지 못했을 뿐 아니라 리조트법에 따라 국립공원과 삼림, 농지의 토지이용 전환에 규제 완화를 꾀하기도 했다. 이 때문에 개발 예정지가 미이용지가 되어 황폐해졌으며, 이는 지금도 커다란 상처로 남아 있다.

'지역 만들기'의 의미

1990년대 초반까지의 리조트 개발을 중심으로 한 '지역 활성화'에 대한 반성 속에서 논의된 것이 '지역 만들기'이다. 이것은 '마을 만들기', '농촌 만들기' 등 다양하게 사용되는 용어이며 앞의 〈그림 2-1〉에서도 보았듯이 이미 1980년대 초반부터 사용되기 시작했다. 그러나 독자적인 의미로 논하기 시작한 것은 버블 붕괴 후의 1990년대 전반 이후이다.

여기에는 리조트 개발 주도의 '지역 활성화'와는 대비되는 다음의 세 가지 의미를 품고 있다.

첫째, 지역 진흥의 '내발성內發性'이다. 대규모 리조트 개발은 '거점 개발 방식'과 같은 이중의 의미를 지닌 외래형 개발이었다. 한편으로는 외부 자본에 의한 개발이며, 또 다른 의미로는 그러한 이유로 지역 주민의 의사와는 동떨어진 개발이라는 점이다. 즉, 돈도 의사도 외부에서 주입된 것이며, 지역 주민은 토지와 노동력 제공자, 경우에 따라서는 개발을 중재하는 쪽에 지나지 않았다. 이러한 개념이 아닌 스스로의 의사를 통해 지역 주민이 참여하는 시책이야말로 '지역 만들기'라는 점을 이 용어는 강조하고 있다.

둘째, '종합성·다양성'이다. 리조트 붐 속에서는 도시에서 발생한 버블 경제가 그대로 주입되어 경제적 이득 획득을 주된 목적으로 삼는 지역 활성화를 중시했다. 똑같은 개발계획 일색이던 지역 진흥 역시 이 시기의 특징이었다. 이러한 상황에서 탈피해 복지와 환경을 포함한 종합성, 지역의 실정을 고려한 다양하고 풍부한 지역 만들기로의 전환이 요구되었다. 지역 만들기에서는 기반이 되는 지역 자원과 지역을 구성하는 사람의 실정에 맞추어 지역의 수만큼이나 다양한 발전 패턴이 있다는 점을 강조한다. 그것은 '모델 없는 지역 만들기'로 표현되기도 한다.

셋째, '혁신성'이다. 대부분의 지역 진흥은 지역에 산재해 있는 과제를 전제로 한다. 그것을 지역의 내발적 에너지로 극복해간다면 지금까지와는 다른 새로운 체계를 내부에서 만드는 것이 필연적으로 요구된다. 일부 농산촌에서는 과거 활기차던 시절의 체계에 의존해 그것이 기능하지 않은 것을 한탄하기도 한다. 그러나 어찌되었든 인구는 감소하고 있으므로 이를 전제로 대처해야만 한다. 그래서 인구가 더 적은 상황을 예상해 지역 운영 체계를 지역 스스로가 재편하고 새로운 시스템을 창조하는 '혁신성'이 요구된다. 그러한 의미에서의 '지역 만들기'는 '지역의 새로운 체계 만들기'이다.

이처럼 1990년부터 등장한 '지역 만들기'는 '내발성', '종합성·다양성', '혁신성'이라는 요소를 내포하고 있다. 그것은 지역 만들기에 대한 원칙으로서의 '내발성', 내용으로서의 '종합성·다양성', 체계로서의 '혁신성'이라 할 수 있다.

〈그림 2-1〉에서 보듯이 2000년대에는 '지역 만들기'와 함께 '지역 재생'이라는 용어도 급증한 것을 알 수 있다. 이 시기는 2001년에 발족한 고이즈미 준이치로小泉純一郎 내각의 '성역 없는 구조 개혁'의 여파로 농림업, 의료, 복지, 지방자치제도(시정촌 합병) 등과 다방면에 걸친 '지방 잘라내기'식 정책이 진행되던 때와 겹친다.

지방이 급속하게 쇠퇴하고 '방치 경작지', '셔터 상점가', '의료 붕괴', '장보기 난민'과 같은 부정적인 용어가 신문을 장식하던 바로 이 시기에 '지역 재생'이라는 표현이 탄생했다. '재생(다시 태어나는 것)'이라는 단어에서 알 수 있듯이 유례없는 총체적 난국을 타개하는 것이 지역 진흥이며, 더욱 강력한 '지역 만들기'를 필요로 하는 현실을 유추할 수 있다.

2. '지역 만들기' 체계화를 위한 도전

리조트 개발에 저항하는 지역 만들기: 니가타현 구 산포쿠마치

'내발성', '종합성·다양성', '혁신성'을 중시한 지역 만들기는 이념이 아닌 실천을 먼저 행했다. 뒤에서 살펴보듯이 1960년대부터 계속된 지역 만들기의 선행 사례(3장 1절)도 있지만, 리조트 붐에 저항해 생겨난 사례 중에는 지역의 상황에 대해 그들 나름의 표현을 통해 전략적으로 이야기하는 이들이 적지 않다.

특히 니가타현新潟縣 구舊 산포쿠마치山北町(현재 무라카미시)의 정책은 인상적이어서 여기에서 소개하고자 한다. 구 산포쿠마치는 니가타현 북쪽에 있는 야마가타현의 경계에 위치하며 농업, 임업, 수산업을 주요 산업으로 하고 있다. 이 마을은 1989년에 관광 개발 기본 계획을 작성했다. 그때는 버블 경제, 리조트 붐이 한창이었다. 당연히 주민의 일부, 특히 산포쿠마치 의회의 의원 중에는 지역 내에서 진전되고 있던 대규모 골프장 개발 사업이야말로 지역의 미래를 열어나갈 '관광'이라고 기대하는 이도 있었다. 그러나 계획 작성에 관여했던 관계자는 "관광觀光은 문자 그대로 지역의 빛光을 보는觀 것이어야 한다. 지금 이 지역 미래에 필요한 것은 설령 멀리 돌아가더라도 스스로가 살고 있는 마을이 일상에 빛을 비추고 지역의 가치와 자원을 재발견해 '긍지'와 '자신감'으로 주민들을 활기차게 만드는 것이 아닐까?"라는 문제의식에서부터 시작해 마을 단위의 지역 만들기 기둥이 되는 관광 개발 기본 계획을 작성했고, 끊임없는 설득을 통해 의회의 승인을 얻을 수 있었다.

이 계획의 다섯 가지 기본 틀은 다음과 같다.

- 48개 마을의 일상생활을 기본 자원으로 하는 지역
- 일상생활을 서로 공유하는 열린 지역
- 어느 마을이라도 한 사람 한 사람이 주인공이 될 수 있는 지역
- 생활을 지탱해온 자연과 즐겁게 공생할 수 있는 지역
- 향토를 배양해온 지혜와 전통이 살아 숨 쉬는 지역

이는 관광 개발계획이라기보다는 다양하고 새로운 체계를 만들어내는 것을 목표로 마을 안에서 내발적으로 한 '지역 만들기' 계획 그 자체였다. 주변 지역에서 리조트 개발이 한창일 때 '관광 개발'의 영역에서 이러한 계획을 세운 것은 특필할 만하다.

당시 계획 작성에 직접 관여했던 지역 행정의 담당자(현재는 퇴직한 마을 활동 리더)는 다음과 같이 회상했다.

계획을 구체화하기 위해 지역 내 48개 마을에 설명을 하러 갔다. 그중에는 "본래 행정 담당자가 할 일을 왜 우리가 해야 하는가?"라는 망설임과 불만의 목소리도 있었다. 그러나 다른 한편으로는 "행정에 의존하기보다는 자신들의 지역에 관한 일이니 스스로 뭔가를 하겠다"라는 긍정적인 목소리가 있었고, 이것이 크나큰 힘이 되었다. 당시 인구가 1만 명 정도였는데, 약 한 달에 걸친 설명회에 전체 인구의

10%에 해당하는 약 1000명의 주민들이 참가했다. 주민들은 화려한 리조트 개발보다 하나씩 하나씩 만들어나가는 계획과 활동에 더욱 관심이 있다는 것을 다시금 확인했다.

행정은 앞에서 언급했듯이 '일상생활을 기본 자원'으로 삼아 마을 단위의 '자원 조사(워크샵)', 이용 방안을 위한 계획 만들기, 실제적인 지원을 위해 '매력 있는 마을 만들기 사업'을 정책화해 추진해나갔다. 이러한 활동으로 몇 군데 마을에서는 전통 작물을 활용한 옷감 짜기, 화전에서 재배한 빨간 순무 수확하기, 눈이 많이 내리는 마을에서 스노모빌 타기 등의 프로그램이 생겨나기 시작했다. 또한 이 지역에서는 체험 교류 주체의 조직화(산포쿠 체험 교류 기업 조합 설립, 1998년), 체험 프로그램 리스트업과 종합 메뉴화(1998년), 체험 교류를 지원해 운영할 수 있는 거점 정비(폐교가 된 중학교를 교류 및 숙박 시설로 정비, 2001년)와 같은 지속적인 지원책을 실천해나갔다.

전반적으로 고령화가 진행되는 와중에도 사업이 시작된 후 25년 간, 결코 화려하지는 않지만 '뭔가를 해보겠다'는 활기찬 마을이 점차 생겨났다. 그 후 이 지역은 2008년에 합병(1개 시, 2개 정, 3개 촌 합병)해 무라카미시가 되었지만, 구 산포쿠마치의 지역 만들기 기본 노선은 새로운 시로 계승되어 시 전역에 걸쳐 지역 진흥의 모델이 되고 있다.

돗토리현 지즈정의 '제로분의 일 마을 만들기 운동'

지역 만들기 체계화를 의식한 또 다른 사례로 돗토리현鳥取縣 지즈정智頭町의 '제로분의 일 마을 만들기 운동'이 있다.

지즈정은 돗토리현의 남동부 끝자락에 위치하고 있으며 오카야마현岡山縣과의 경계선에 접해 있는 산촌이다. 이 지역은 '지즈 임업지역'으로 불리는 일본을 대표하는 삼목재 생산지이다. 그러나 고도 경제성장과 임업 불황 속에서 다른 농산어촌과 같이 심각한 인구 유출이 계속되었다. 1960년에 약 1만 4000명이던 인구는 2010년에 약 7700명으로 감소했다.

이전부터 이 지역에서는 여러 가지 활동이 있었는데, 그것이 지역 만들기 운동으로 본격화된 것은 1990년 중반경이다. 1996년에는 주민이 조직한 지즈정 활성화 프로젝트 조직(약 30명)과 약 2년에 걸친 계속적인 논의 사항을 행정 직원이 집약해 '일본 제로분의 일 마을 만들기 운동' 기획서를 작성했다. 이것은 다소 과장해 표현하면 일본의 지역 만들기에서 기념비적인 문서라고도 할 수 있다. 전문을 소개하고자 한다.

지즈정 '일본 제로분의 일 마을 만들기 운동' 기획서(1996년)

1. 취지

지즈정의 고령화율은 29.1%로 고령화가 급속하게 진행되고 있다. 또 광역 합병이라는 새로운 과제가 제기되고 있는 곳이다.

지즈정을 지역 경영 관점에서 조감해보면 지즈 급행 개통, 돗토리현 고속도로 (鳥姫線) 고규격화 등 지역 외의 교통 접근성은 돗토리현 내의 다른 지역과 비교해보더라도 조건이 정비되고 있는 편이다. 그러나 외부와의 접근이 정비되고 있다는 점은 지역 외부의 힘에 쉽게 영향을 받는다는 것이기도 하다. 매력이 없는 곳은 단순히 통과해버리는 지역이 되고, 그렇게 되면 외부의 힘에 이끌려 구심력을 잃게 된다.

지역이 그 기능을 가지고 자긍심 높은 자치를 확립하면 21세기의 '지즈정'을 확고하게 자리매김하는 일도 가능해질 것이다. 이를 위한 전략은 마을의 자치를 고조시키는 것에 있다. 지즈정의 '일본 제로분의 일 마을 만들기 운동'을 전개하면서 지역 전체를 재평가하고, 스스로 한발 나아가 외부와의 교류와 네트워크 재구축을 도모하며, 풍요롭고 자긍심 있는 지즈정을 창조할 수 있다고 본다.

제로분의 일 마을 만들기라고 한 것은, 일본에서 첫째가 되기 위한 도전은 끝없는 경쟁 논리이지만 0에서 1, 즉 무에서 유로 가는 과정이야말로 국가 건설의 마을 만들기 정신이라는 의미로서, 이 지역에서 공생하며 더불어 인생을 살찌우는 가치를 묻는 운동이다.

즉, 이 운동은 지즈정 내 각 마을이 지닌 특색을 각각 하나씩만 찾아내어 외부로 개방함으로써 지역의 자긍심을 만들어가는 운동이다.

2. 운동의 기둥

(1) 지역 자긍심 창조: 지역의 특색을 하나씩만 찾아내어 자긍심 있는 지역 만들기를 한다.

(2) 주민이 주인이 되어 스스로 한발 나아가 지역 만들기에 앞장선다.

(3) 계획 작성: 어느 정도 장기적 관점에서 지역의 앞날을 생각해 지역의 미래계획을 세우고, 그 지역 나름의 특색 있는 사업을 계획해 실행한다.

(4) 국내외 교류: 지역의 자긍심을 높이기 위해 의도적으로 외부 사회와 교류한다.

(5) 지역 경영: 생활과 지역 문화를 재평가해 지역의 부가가치를 높인다.

3. 각 진흥 협의회에 제공되는 이점
(1) 지즈정 인증 법인: 지즈정의 행정기관과 마을 만들기 사업의 창구 역할을 맡는다.
(2) 활동 경비 지원: 활동 2년간은 지구 100만 엔, 마을 50만 엔의 소프트웨어 사업비(운영비)를 조성한다.
(3) 리더의 민주적인 선출: 주민의 총의에 따라 3년간 임기로 리더를 선출한다.
(4) 마을 만들기를 위한 운영 단체 조직: 각종 단체 등을 내포하는 조직으로 삼는다.
(5) 고문관 파견: 마을 만들기를 위한 고문관과 행정 직원을 파견한다.
(6) 각종 정보 제공: 지즈정 행정기관은 각 진흥 협의회와의 교류와 마을 만들기를 위한 정보를 제공한다.

여기에 제기된 운동은 '자긍심 있는 자치 확립'을 목적으로 삼는다. 이를 위해 마을을 기반으로 둔 주민 주체의 하의상달식 기획 및 수립과 실행, 실천이 요구된다.

구체적으로는 마을 단위에서 조직된 '마을 진흥 협의회'가 지역의 10년 후 모습을 예상하고, 그 목표를 실현하기 위한 세 가지 주축(주민자치, 지역 경영, 교류·정보)에 관해 더욱 실천적인 계획을 세운다. 그리고 지역은 이러한 계획 책정을 한 협의회를 인증하고 후술할 몇 가지의 지원을 행한다.

이 지역 만들기 운동에 참가할지 어떨지는 마을 주민의 의사에 따른다. 이 점에서 행정과 외부 주체에 기획 수립, 때로는 실천까지

의존하는 '지역 활성화'와는 성질이 전혀 다르다. 그렇다고 해서 이 운동에 관해 큰 기대를 걸고 있는 것은 아니다. 제로분의 일이라는 독특한 표현이 이를 대변한다. 즉, '아무 것도 없는 곳(제로)에서 무언가(일)를 만들어내는 것'이 중요하며, 제로에서 일이 되기까지의 전진을 '무한대(제로분의 일)'로 파악하고 있다.

이 기획서는 1996년에 지역 행정의 홍보로 지역 내에 알려졌으며, 1997년부터 지원 시스템을 통해 지역의 정식 사업으로 실시 과정에 돌입했다. 초년도에는 7개의 마을이 실시해 최종적으로 지역 내 89개 마을 중 16개 마을이 이 운동을 실시하고 있다.

그중 몇 군데 마을의 활동 개요 및 상황에 관해 〈표 2-1〉에 나타내었다. 10년 후의 지역 모습을 염두에 두고 각 마을의 테마를 설정하는데, 여러 방면에서 테마를 설정한 것을 알 수 있다. 모든 마을에서 '주민자치', '지역 경영', '교류·정보' 세 가지 주축에 관해 구체적인 시책을 계획하고 실천하고 있는데, 그 활동 내용은 매우 다채롭다. 예를 들면 '주민자치'에서는 고령자를 대상으로 한 교류 회식 개최와 꽃 가득 피우기 운동, '지역 경영'에서는 마을 커피숍 경영, 향토 술 만들기, '교류·정보'에서는 고등학교와 생활협동조합의 교류, 스키 교실 등 다채롭고 폭넓은 내용으로 구성되어 있으며, 이는 마치 진열장에 지역 만들기 활동을 다양하게 진열해놓은 듯한 인상을 주었다.

이러한 운동의 성과는 무엇보다도 활동에 참여한 마을 주민의 주민자치에 대한 열의와 행정에 대한 관여로 뚜렷이 나타났다. 이

표 2-1 돗토리현 지즈정의 '제로분의 일 마을 만들기 운동' 실시 사례

	A 마을	B 마을	C 마을	D 마을
테마	· 자연을 벗 삼는 활력, 매력, 미소가 넘치는 마을 만들기	· 꿈의 무대 만들기	· 활력 있는 마을 만들기	· 인형극 마을 만들기
주민자치	· 휴지 줍기, 마을 내 청소 · 화분 관리 · 연꽃, 유채꽃 심기 · 건강 교실 · 제설 작업	· 꽃을 가득 피우는 운동(복숭아꽃 손질 및 화단 정리) 장려 · 마음의 꽃을 피우는 운동(험담 등을 없애려는 노력)	· 교류 회식 · 개호와 환경 문제 연수회 · 염색물 교실 · 여성 모임 · 된장과 두부 가공	· 공유림의 적절한 관리 · 지역 도로로 향하는 노선 개량 · 각 기간 마을 내에서 생활 도로 제설 · 공동 작업장(매갈이, 정미)의 효율적 운영
지역 경영	· 참마 심기 · 향토 술 빚기 · 메밀 만들기 · 관광 안내판 설치 · 기린 사자춤 · 꽃바구니 축제 · 쥐불놀이	· 이벤트 참가(죽순, 된장 등 판매) · 본오도리, 등롱, 가을 축제, 쥐불놀이 · 사업 기록, 마을의 역사 편집 · 반딧불 부활, 잉어 사육, 쓰레기 분리 수거	· 표고버섯 원목 재배 · 버섯 식균 활동 · 아름다운 숲 만들기 · 마을 종합 안내 간판 제작	· 카페와 통나무 하우스의 효율적 관리 및 운영 · 인형극 정기 상연과 후계자 육성 · 문화 강좌 개최
교류, 정보	· 홍보지, 정보지 발행 · '꿈에 취한 모임' 회원 모임 · 도토리 대굴대굴 공원 축제 · 청류 축제, 납량 축제(외국인과의 교류) · 교류 축제 · 크리스마스 행사	· 지구환경 학교와의 교류 · 만남의 집에서의 교류 · 정자 축제, 영화모임, 매달 모임 · 경로 모임 · 이자나기(일본의 신) 모임 · 활동 보고회 · 고향 소식 발행	· 교류 등산 모임 · 교류 축제 · 스키 교실	· 오사카 이즈미시 시민 생활협동조합과의 농림 체험 교류 · 인터넷 홈페이지 관리 · 홍보지 발행 · 선진지 시찰 · 타 지역과의 적극적인 교류

주: 사업 내용은 신청된 곳의 일부를 표시한 것이다(2002년도).
자료: 지즈정 자료에서 발췌했다(16개 마을 중 4개 마을).

에 대해 지역 행정은 다음과 같이 평가했다. 첫째로 목표를 향해 주민 모두가 참여하는 활동을 함으로써 마을 내 주민끼리 서로 마음이 통하게 되었다. 둘째로 운동을 실시한 마을과 그 외 마을에서 명백하게 마을을 자치하는 자세의 차이를 볼 수 있었다. 그리고 셋째로 이벤트만이 아니라 복지 네트워크를 확대하는 등 서로 도움을 주고받는 새로운 자치 활동을 실천해 생활 전반에 걸친 활동으로 파급되기 시작했다. 이러한 성과에 따라 기획서의 목표인 '자긍심 있는 자치'가 형성되기 시작했다.

이 운동을 실시한 16개 마을은 현재 10년간의 정책 지원 기간이 종료되었다. 그러나 그 후에도 이 운동은 마을 단위에서 쇼와 합병 시의 '구舊 무라村' 단위에 따른 통칭 '지구地區 제로분의 일'로 계승되어 마을과 같은 행정 지원도 받고 있다. 여기에서는 마을 단계에서보다 한층 다양하게 전개되고 있는 것을 볼 수 있다. 각지에서는 마을을 초월한 시책을 위해 홍보 조직 정비도 전행하고 있다.

또 지즈정은 '헤이세이平成 대합병'을 둘러싸고 지역민이 찬반으로 양분하는 격렬한 정치 과정을 겪으면서도(두 번의 주민 투표와 두 번의 합병을 쟁점으로 한 지역장 선거) 최종적으로 합병을 하지 않는 길을 선택했다. 그 후에는 '100인 위원회'** 도입, '소개疎開 보험'***

• 공모제로 지역 주민 100명이 지역 예산을 포함한 지역 정책의 방향성을 논의하고 제안하는 자리이다.
•• '보험 대금'을 지불하는 가입자의 주소지에서 재해가 발생한 경우, 지즈정 및

실시, '숲 유치원',* '나무 정거장 프로젝트'(3장의 오카야마현 쓰야마시 아바 지구 사례에서 상세 설명) 등을 실시해 전국적으로 주목을 받았다.

모든 활동에는 제로분의 일 마을 만들기 운동 과정에서 육성한 인재가 중심이 되어, 행정만으로는 생각하기 힘든 유연한 제도와 시책을 제안 및 실천하고, 그것에 대한 지원을 행했다.

3. 지역 만들기 프레임워크

'제로분의 일 운동'의 일반화

앞에서 살펴본 지즈정 '제로분의 일 운동' 체계에서 가장 핵심이 되는 부분은 그것을 실시하는 마을(진흥 협의회)이 계획과 실천을 위해 다음 '세 가지 축'을 구성한다는 점이다.

· 주민자치의 축: 자신의 힘으로 삶을 구축해나가는 것을 지향하는 축

주변지에서 7일간 피난을 위한 체류가 가능하며, 재해 유무에 관계없이 가입자 전원에게 지역 내에서 생산된 채소와 쌀, 특산물 등을 증정하는 시책이다.
* 야외 자연 체험을 중시한 보육 활동으로 지즈정에서는 100인 위원회의 제안을 받아 부모들의 '공동 보육'으로 운영되고 있다. 이에 대해 기록한 『지즈정 숲 유치원 통나무(智頭町森のようちえん まるたんぼう)』는 농산촌의 새로운 가능성을 생생히 전하고 있다.

· 지역 경영의 축: 지역의 문화와 자원을 재인식하고 그 부가가치를 높여 외부 사람들에게 인정받는 것을 지향하는 축

· 교류와 정보의 축: 지역 출신 사람들과 도시민, 외국인과 만남의 자리를 만들어 지역 내외의 마을 만들기 정보 발신을 지향하는 축

〈표 2-1〉의 사례에서도 이 세 가지 축에 각 지역의 특성이 잘 반영되어 있다. 일반적이면서도 다른 지역의 조건에 맞게 수정을 한다면 세 가지 축을 적절하게 이용할 수 있을 것이다.

지즈정 이외 지역의 실시 사례를 참고해 더욱 추상적인 단계에서 정리한 것이 〈그림 2-2〉이다. 이것을 '지역 만들기 프레임워크'라고 부르도록 하겠다. 우선 개략적인 내용을 설명하고자 한다.

이 프레임워크에서도 세 가지 축을 세우고 있다.

첫째 축은 '생활의 척도 구축'으로서 '주체 만들기'이다. '제로분의 일 운동'에서는 '교류·정보'가 이것에 해당한다. 앞에서 게재한 기획서에는 "지역의 자긍심을 높이기 위해 의도적으로 외부 사회와 교류한다"라고 기술하고 있으며, '교류·정보'는 '자긍심 만들기'를 목적으로 한다. 여기에서 그것을 '생활의 척도 만들기'로 바꿔 말한 이유는 '자긍심'이라는 말이 운동 단계에서는 다소 무겁게 느껴져 오히려 일상적인 생활에서 축적해나갈 필요가 있다고 생각했기 때문이다.

둘째 축은 '생활 체제 구축'이며 '장소 만들기'이다. '제로분의 일 운동'에서는 그것을 '주민자치'의 축으로 표현한다. 그것은 커뮤니

그림 2-2 지역 만들기 프레임워크

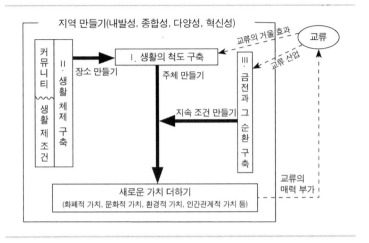

티를 의식한 축이라 할 수 있다. 농산어촌에서는 전 세대가 참가하는 마을 모임에서 지역 과제에 대처하는 체제가 오래전부터 존재했다. 그러나 이 때문에 지역에서의 의사 결정 자리에 여성과 젊은 이들이 배제되는 경향이 강했다. 마을 모임에서는 1세대당 1표 제도를 원칙으로 하고 있기 때문이다. '제로분의 일 운동'에서는 마을과 같은 범위의 지역에 마을 진흥 협의회 설립을 요청해 새로운 '생활 체제'를 구축하고, 여성을 포함해 마을의 모든 가장이 참가하는 것을 조건으로 한다. 여기에서 지역 만들기의 '혁신적'인 특징이 생겨난 것이다.

셋째 축은 '금전과 순환 구축'으로 '지속 조건 구축'에 해당한다. 농산촌에서는 전반적으로 소득 정체가 진행되어 공공사업에 의존하지 않는 농업을 포함한 지역 경제의 육성이 새로운 지역 과제로 대두했다. '제로분의 일 운동'에서 '지역 문화와 자원에 부가가치를 높이는' 시책을 '지역 경영'으로 중요시하는 점은 이를 반영한 것임에 틀림없다. 더욱이 소득에 따른 새로운 경제순환을 형성하는 것이 중요하다. 즉, '주체', '공간', '조건'의 세 가지 요소를 의식해 구축함으로써 지역이 형성되는 것이다. 이는 '제로분의 일 운동'에서 구체적으로 시행되고 있는 내용을 정식화한 것인데, 농산촌에서 일반적으로 유효할 것이라 예상된다. 지즈정 '제로분의 일 운동'이 고도의 전략적 시책이라는 것을 다시금 이해할 수 있을 것이다.

그리고 이 프레임워크에는 지역 만들기의 목적도 자리 잡고 있다. 이 단계에서는 인구 증가와 지역 내 GDP 증대를 목적으로 하지 않는다. '제로분의 일 운동'에서는 '지역의 자긍심 높이기'를 하고 있는데, 여기에서는 그것을 일반화해 '새로운 가치를 더하는 것'이라 표현했다. 이는 '(지역 만들기라는 것은) 시대에 맞는 새로운 가치를 지역 각각의 특색에서 찾아내어 지역에 더하는 것'이라 주장한다. 이미 논했듯이 '지역 만들기'는 '지역 활성화'와는 다르며, 소득 등의 경제적 가치에만 머무는 것이 아니라 종합적인 목적을 지닌 것이다. 특히 여기서 말하는 '새로운 가치'란 화폐 가치에만 한정되는 것이 아니다. 환경, 문화 또는 지역 내 네트워크(사회관계 자본)도 중요한 지역적 가치일 것이다. 또 '더한다는 것'은 단순히 새로운 가치를 창출하는 것만이 아니라 지역사회가 가진 지금까지의 가치와 연결하는 것을 의미한다.

이상으로 정리해보면 '내발성', '종합성·다양성', '혁신성'이라는 세 가지 축을 지역 조건에 맞게 잘 조합하는 체계야말로 지금 필요한 지역 만들기라고 할 수 있다.

4. 지역 만들기의 세 가지 축

첫째 축: 생활의 척도 구축

지역 만들기에는 '사람'이 중요하다는 말을 자주 한다. 그 연장선상에는 '지역 리더가 있는지 없는지가 중요하다'라는 의견도 있다. 이전에는 리더의 존재가 지역 만들기의 결정적 요소였으며 카리스마형 리더가 주목을 받았다. 그러나 돌발적인 힘을 가진 리더에 의존하는 지역 만들기는 최근 세대교체가 잘 이루어지지 않아 지속성 면에서 어려움이 발생했다. 그렇기 때문에 여러 사람들이 이전 리더의 역할을 분담하는 모습이 좀 더 일반적인 사례가 되기 시작했다. '카리스마형 리더 모델'에서 여러 사람이 지역을 담당하는 '리더 그룹 모델'로 전환된 것이다. 따라서 '사람'의 문제는 지역 주민 전체의 문제라 할 수 있다.

그렇다면 지역 주민 레벨의 '사람'에게 필요한 것은 무엇인가? 그것은 지역 만들기는 자신의 문제라는 당사자 의식이며, 최근에는 이를 '자각'이라고 자주 표현하기도 한다. 농산촌의 경우에는 한층 더 무거운 과제라는 것을 인식할 필요가 있다. 왜냐하면 일부 농산촌 지역에서는 1장에서 지적한 것처럼 '자긍심의 공동화'라고 할 수밖에 없는, 그 지역에서 계속 살아야 할 의미와 가치를 잃어버리고 지역의 장래에 관해 거의 포기한 상태가 주민들을 휩싼 사례가 있기 때문이다. 주민이 단순히 당사자 의식만이 아니라 '자긍심 재건'을 향한 의식을 가져야 한다.

그러나 그 지역에서 계속 생활하는 것을 지지하는 가치관은 아무것도 하지 않고 형성되는 것은 아니다. 경제성장 과정으로 농산촌 벽지에도 도시 지향적인 사고가 확대되고 있는 일본에서는 특히나 어려운 과제이다. 실제로 일본에서 어느 정도의 규모를 지닌 도시는 어디든 '미니 도쿄화'되었고, 그곳에서 지역의 개성을 찾기는 어렵다. 그만큼 사람들의 가치관이 단일화되고 '도쿄화' 지향이 생겨났기 때문일 것이다.

이러한 상황 아래에서는 풍요로운 자연환경과 농밀한 인간관계가 마치 시대에 뒤처진 것으로 상징화되어 지역의 개성조차도 없애야 할 대상이 되는 경우도 있다. '자긍심의 공동화'는 이 과정에서 생겨났을 것이다. 그렇기 때문에 농산촌을 포함한 지역 만들기 시책에서는 자신의 생활을 둘러싼 독자적인 가치관의 재구축을 특히 필요로 한다. 예를 들면 지역의 역사와 문화, 자연을 비롯해 더욱 구체적으로는 향토 요리, 경관, 주민의 인정과 연줄에 대한 가치관이다. 이것이 '생활의 척도'이며, 작은 척도 하나하나를 축적해나갈 필요가 있다.

실제로 이러한 시책을 펼치는 것은 사회교육의 지역 거점인 공민관公民館 활동의 목적 중 한 가지였다. 공민관 활동이 지역 만들기의 모체가 되는 사례가 적지 않은 이유는 이 때문일 것이다. 이 점에서 '생활의 척도 구축'에서는 공민관 활동을 재평가하는 것이 중요하다. 이와 더불어 새로운 수법도 생겨났다. 그것은 '지방학'과 '도시·농촌 교류'이다. 여기에서는 이에 관해 설명하고자 한다.

① 지방학(지역 만들기 워크숍)

'생활의 척도'는 지역 고유의 것으로 지역의 자긍심과 자랑거리로 이어진다. 따라서 지역 내에서 고유 자원을 구체적으로 발굴해내는 활동이 중요하다. 이것에 대한 중요성이 이전부터 제기되었으며 그 실천도 제법 축적되었다.

'지역 만들기 워크숍'이라 총칭되는 이 활동은 '마을(환경) 점검', '보물찾기 운동', '원래 있던 고유한 것 찾기', '지구력地區力 점검' 등 재미있는 이름으로 다양한 수법이 개발되었다. 각각 개성 있는 수법이지만, 근간이 되는 부분은 '지역 점검과 지도에 표현하기 → 과제 정비와 공유화 → 지역 장래상 확립 → 지역 내 중간 보고회 개최 → 목표와 계획 결정 → 활동 스케줄 결정 → 실천' 등의 순서로 공통적이며 표준적으로 진행되는 경우가 많다. 이 과정에서는 특히 '지역 점검과 지도에 표현하기' 단계가 중요한데, 지도와 항공사진을 이용하여 주민 스스로가 밀도 있게 지역 조사(지역 돌아다니기)를 한다. 그것에 의해 지역의 현재 상황, 즉 문제점과 '보물'을 참가자가 공유할 수 있다. 또 그 과정에서 많은 지역민이 지역의 문제는

'남의 일'이 아닌 자신들의 문제로 삼을 수 있으며 작은 성공이 향후 시책의 기초가 되는 선순환이 시작된다.

이와 같이 지역 만들기 워크숍은 지역 만들기의 첫 단계로서 성공 가능성이 크다는 것이 실천 단계에서 분명해졌다. 최근에는 요시모토 데쓰로吉本哲郎 씨(전 미나마타시 직원)와 유키 도미오結城登美雄 씨(민속·농촌 연구가)가 각각 '지방학'이라는 이름으로 이를 체계화해 더욱 확대되고 있다.

유키 씨는 "금전적인 것 외에 거주환경, 문화, 커뮤니티, 자연 풍토, 생활 방식, 철학의 존재와 매력을 자손들에게 더욱더 전수해라. 자신들이 기반을 둔 것들에 대한 가치를 더 많이 발굴해 재평가하고 다음 세대를 위한 일자리와 살아갈 장소를 준비하는 것이 지방학이며 생활의 척도의 본질이다"라고 말했다.

② 도시·농촌 교류

한편, '생활의 척도'를 만들어내기 위해서는 도시·농촌 교류도 중요한 수단이 된다. 지즈정의 '제로분의 일 운동'이 일찍부터 지적해왔듯이 교류 활동 실천은 지방 사람들이 그 지역의 가치를 도시 주민의 눈을 통해 재고하는 효과를 지닌다. 도시 주민이 거울이 되어 농산촌의 보물을 비추어낸다는 점에서 '도시·농촌 교류의 거울 효과'라 부르고자 한다. "할머니, 이 요리 맛있어요", "정말 아름답고 한적한 풍경이에요"라는 방문객들의 소박한 말들이 지역 만들기의 에너지와 계기가 되고 있는 예는 아주 많다. 즉, 섣부른 판단과 편견 없는 아이들의 거울이야말로 반사력이 강한 경우도 있는데, 도쿄 무사시노시武藏野市에서 실시하고 있는 '세컨드 스쿨'이라 불리는 초등학생과 중학생 농산촌 체험 교류 방문처에서도 그러한 사례를 볼 수 있다.

그러나 도시·농촌 교류는 종종 '교류에 지치는 현상'을 초래하기도 한다. 교류 당초에는 활동에 열심히 참가하지만, 2~3년 후에는 '도시 사람에게 서비스를 제공하기만 하면 우리 지역에 남는 게 뭘까?'라는 의문과 함께 참가자의 피로도가 증가하는 현상이다. 이 때문에 활동이 중단되는 예도 적지 않다. 그래서 지금은 지역 스스로가 '교류의 거울 효과'를 의식해 교류에 따른 피로감을 초래하는 교류가 아니라 '지역에 자부심을 가진 교류'로의 전환을 꾀한다. 이 과정에서도 '생활의 척도'는 구축되고 있다.

둘째 축: 생활 체제 구축

지역 만들기 장으로서의 '생활 체제'에는 '소프트'와 '하드' 각각의 조건이 있다.

소프트 조건은 사람들이 지역에 모여 생활할 때 자연스럽게 생겨나는 지역 공동성이 중요한 요소가 된다. 다른 말로 표현하면 지역 만들기를 지원하는 지역 커뮤니티이다. 농산촌에는 오래전부터 존재하는 '마을'이라는 커뮤니티가 있다. 그것을 무시하고 마치 백지에 그림을 그리는 듯한 논의는 의미가 없다. 지역 만들기를 위해 마을이 어떻게 위치하고, 어떠한 재편이 요구되는지를 논의해야 한다.

하드 조건은 도로 정비와 집회장 같은 공공사업의 결과물만이 아니라 (그것을 포함하면서) 의료, 교육, 생활 교통 등 농산촌의 생활을 기초부터 지원하는 생활 조건 전반을 가리킨다. 이 하드 조건은 소프트 조건과 명확하게 구분되지는 않는다. 그렇기 때문에 〈그림 2-2〉에서 두 경계를 물결선으로 나타냈다. 이 두 가지 조건은 어떻게 정비되어야 하는 것일까? 다음에서 이를 논의하고자 한다.

① 소프트 조건으로서의 광역 커뮤니티

농산촌 커뮤니티로서의 마을은 지금도 지역 내에서 그 기능을 발휘한다. 여기에서 말하는 마을은 농산촌에서 각각의 생업에 필요한 공동 노동과 생활상의 공동 작업을 위해 모여 살고 있는 가족 집단을 나타낸다. 그렇기 때문에 마을은 일반적으로 농업 생산 보완, 생활 상호 부조, 지역 자원 유지 관리의 기능을 가진다. 그러나 농촌 사회의 혼주화混住化 진행, 농업 생산의 기계화와 생력화省力化, 그리고 생활의 근대화로 각 기능의 필요성이 저하되었다. 이에 더해 '마을의 공동화'에서 논했듯이 마을 활동을 담당하는 이의 감소와 고령화에 따라 모든 기능이 저하하는 사태도 발생하고 있다.

동시에 실제로 지역 만들기라는 말이 자주 사용되기 시작한 1990년대 후반경부터 그러한 활동 단위가 마을 단위를 넘는 경우도 많아졌다. 그 단위가 되는 것은 농협과 행정 지소가 있었던 이전 초등학교구(통폐합이 진행되는 현 상황에서 보면 구 초등학교구)이며 '구舊 무라村'라 종종 불리는 메이지 시대의 마을村이다.

또 그 움직임의 연장선상에서 2008년대에는 마을을 넘는 범위의 지역 자치 조직이 생겨났다. 이들은 '지역 진흥회', '자치 진흥회', '마을 만들기 위원회' 등 다양한 명칭으로 불린다. 이들 중에는 당시에 진행되고 있던 시정촌 합병에 의해 행정(시정촌)이 거대화되자 그것에 저항하는 주민자치 거점을 만들고자 하는 주민의 의지로 생겨난 경우도 있다(필자는 그것을 '손수 만든 자치구'라 부른다). 그 경우, 주민자치 거점으로서는 마을 단위가 너무 작기 때문에 활동 범위가 마을을 넘는 '광역 커뮤니티'를 기초로 하는 조직이 적지 않다.

앞에서 언급했듯이 문제는 이 광역 커뮤니티와 기존 커뮤니티 마을이 지역 만들기에서 위치를 어떻게 정하느냐이다. 결론을 말하자면 마을은 '수호', 광역 커뮤니티는 '공격'의 기능을 하며, 양자가 상호 보완적으로 생활 체제를 형성하고 있다.

이 점을 이해하기 위해 마을의 체제를 설명해두겠다. 마을은 생업과 생활상의 필요에서 생겨난 '이에ぃぇ'**의 연합이다. 그렇기 때문에 의사 결정은 '이에'의 대표자 모두가 모이는 모임(총회, 상회)에서 결정되는 것이 일반적이다. 그리고 '이에'의 대표자는 대부분 호주인 경우가 많다. 따라서 마을 모임의 참가자는 대다수가 중장년 남성이며 여성과 젊은이는 결과적으로 마을의 의사 결정에서 배제되는 일도 적지 않다. 마을이 가진 '1호수당 1표제'의 폐해이다. 수

---

* 일본의 촌락 사회에서 가족 공동체의 중핵에 해당하는 개념 — 옮긴이.

로 청소와 도로 공사 등 마을 행사(마을 작업) 운영은 이러한 체제로 진행되기 때문에 매년 거의 모든 세대의 참가가 가능했다. 마을은 본래 '수호' 조직인 것이다.

이에 반해 새로운 광역 커뮤니티는 마을과 같은 체제가 아니라, 지역 내에서 생활하는 사람들이 개인 단위로 참가 가능한 체제 및 지역과 관계를 맺으려는 도시 주민과 비영리 조직Non Profit Organization (이하 NPO) 등도 받아들이는 체제를 구축하는 혁신성이 요구된다. 실제로는 남녀 임원의 비율을 동일하게 하는 조직과 젊은이를 책임자로 적극 등용하는 커뮤니티도 있으며, 활동을 지속적으로 행하기 위해 임원 임기를 마을에서처럼 1~2년이 아니라 3~5년으로 하는 곳도 있다. 이러한 시도가 '공격'의 시책 조건이 되며, 마을의 '수호' 기능을 보완할 수 있다.

즉, 생활 체제를 유지하고 발전시키는 소프트 조건으로서 기존의 마을 조직에 더해서 뭔가 적극적인 시책을 하는 새로운 조직(손수 만든 자치구)에 대한 요구가 생겨나고, 거기에 지역 주민이 성별과 세대를 넘어서 모두 참가할 것을 기대하고 있다. 따라서 지역에는 마을과 손수 만든 자치구의 이중 조직에 의해 지역 만들기의 '수호'와 '공격'을 분담하는 체제가 구축될 것이다. 그것은 일부에서 일컫는 마을 기능을 광역 커뮤니티가 대체하는 것이 아니라 양자가 역할을 분담하는 상호 보완 시스템이 구축된 것이라 해도 좋을 것이다.

② 하드 조건으로서의 생활 제반 조건

농산촌에서는 원격지와 험준한 지형의 지리적 조건, 폭설 등의 기후적 조건, 인구 감소라는 사회적 조건에 따라 여러 가지 생활상의 문제가 생겨난다. 이러한 생활 문제는 세대에 따라 문제 인식의 내용이 크게 다르다는 것이 중요하다. 생활 문제에 관한 대다수의 주민 설문에서 30대는 '휴대전화 전파가 통하지 않는 점(전파 상태가 나쁜 점)'을, 65세 이상은 '가까운 곳에서 식료품이나 일용품을 살 수 없는 점', '가까운 곳에 병원이 없는 점'을 문제로 꼽았다. 즉, 생활에서 인식되는 문제가 지역 전체에 폭넓게 생기고 있다.

이러한 다양한 문제 발생으로 농산촌 주민 생활의 장이 저해되고 있으며 이에 대한 대처를 필요로 하고 있다. 그것은 기본적으로 격차 해소를 위한 입장에서 공적 주체에 따른 지원이 될 것이다. 예를 들면 '병원', '구급 운송', '통학', '장보기'는 주민의 생명 및 생활의 질과 관계되며 그 기본 원인이 원격지 등 지리상의 조건이 불리하다는 점에 기인하고 있다는 점에서도 타당성이 있다.

그러나 이 공적 지원도 지역 만들기 안에서의 자리매김이 가능할 것이다. 최근에는 앞에서 논한 광역 커뮤니티(손수 만든 자치구) 중 주민의 통원이나 상업 시설로의 접근성, 어린이들의 통학을 위해 지역 내에서 등록 운전사를 모집해 생활 교통을 자주적으로 운영하는 사례도 볼 수 있다. 도로운송법이 과소 지역에서의 교통사업자(버스 회사, 택시 회사) 이외 차량의 유상 운송을 특례로 인정했기 때문이다. 또 이들 지역에서 진행되는 상점과 주유소의 철수에 대해 커뮤니티가 그 사업을 직접 혹은 간접적으로 인수인계해, 고령자를 위한 '장보기 약자 대책'으로 지역 공동 매점(커뮤니티 숍), 지역 공동 주유소 등을 설립한 예도 있다(3장 참조). 이러한 시책은 생활 문제에 대한 '농산촌다운 대응책'이라 일컬어진다.

물론 버스 회사와 슈퍼마켓을 운영하는 민간 주체가 경영을 계속하기 어려운 지역에서 그것을 대체해 지역 커뮤니티가 갑자기 사업 채산을 확보하기는 어렵다. 그러나 공적인 정책 지원을 행하더라도 커뮤니티가 개입해 지역 실정에 맞게 대응할 수 있으며, 지역의 창의적인 사고를 이끌어내 더욱 꼼꼼한 지원을 할 수 있는 가능성이 높아졌다.

이렇게 소프트 조건으로서의 지역 커뮤니티, 하드 조건으로서의 생활 제반 조건이 함께 정비되어 상호 연대하면서 '생활의 체제'를 구축하는 것이다.

셋째 축: 금전과 그 순환 구축

장기간에 걸친 일본 경제의 정체는 농산촌에도 강한 영향을 끼친다. 1차 산업 부진에 더해 농산촌에 입지해 있던 기업의 철수 등으로 비농림업 소득의 감소도 현저하다. 더욱이 이들의 임금이 일정 수준 이하로 내려가지 않도록 막고 있던 공공사업이 줄어들고 불안정해지자 농산촌 경제는 완전히 붕괴되는 양상까지 보이고 있다.

따라서 공공사업에 의존하지 않는 지역 산업 육성이 새로운 과제로 떠올랐다. 또 소득 형성(금전 획득)만이 아니라 그것이 지역 내에서 순환하는 체제(금전 순환)도 필요하다. 농산촌에서 새로운 사업을 형성했다고 하더라고 그 이윤과 재투자원 대부분이 대도시로 흘러가 버리는 경우도 생길 수 있다. 최근에는 농산촌의 지역 자원을 오히려 새로운 비즈니스 소재로 삼는 '농산공農産工 연대'의 움직임도 활발해지고 있는데, 이들 중에는 최종적인 목표를 지역 만들기에 두지 않는 것도 있다.

즉, 지역 경제의 지속적인 발전을 실현하려고 한다면 그 지역 안에서 반복적으로 재투자하는 힘, 즉 지역 내 재투자력을 어떻게 만들어내는지가 결정적으로 중요하다.*

이러한 새로운 경제구조에 관해서는 몇 가지 중요한 사항이 있는데, 필자는 이미 다른 책에서 소개했다.** 그렇지만 다음 두 가지 사항을 이 책에서도 다시 소개하고자 한다.

첫째는 산업의 기본 성격을 규정짓는 것이다. 그것은 '지역 자원 보전형 경제'라고 할 수 있다. 농산촌 지역 산업의 기본 바탕으로 인식해야 할 것은 지역 자원 이용이라는 성격이다. 지역 자원이란, 지형, 기후 등의 자연적 조건 및 그것에 규정된 농림지, 하천, 이 모두를 포함하는 경관, 생태계까지 지칭한다. 이러한 각각의 지역에 고유 자원을 발굴하고 이용 및 활용하는 것은 농산촌의 특징적인 산업을 구축하기 위해 당연히 해야 하는 일이다.

• 岡田知, 『地域づくりの經濟學入門』(自治體硏究社, 2005).
•• 小田切德美, 『農山村再生』(岩波書店, 2009).

그러나 이러한 지역 자원의 이용 및 활용은 보전과도 직결된다. 자연과 생태계를 기본으로 하는 지역 자원은 한번 파괴되면 회복하기까지 오랜 시간과 비용이 발생할 가능성이 높다. 그렇기 때문에 지역 주민은 그 지역의 자원 보전만이 아니라 지역 자원으로서의 질을 높이기 위한 지혜와 기술을 습득하고, 실제로 땀 흘려 보전활동을 실천해왔다. 이러한 과정을 다시금 인식하고 운영하는 것이 '지역 자원 보전형 경제'이며 그것은 많든 적든 환경 보전과 양립하는 산업을 지향하는 요소를 포함한다.

이것은 산업으로서 발전하기 위한 계기가 되기도 한다. 왜냐하면 현재 진행되고 있는 글로벌화는 일반적으로 상품과 그 내용물의 획일화를 초래한다. 이에 반해 다양한 지역 조건 속에서 지역의 자원 보전 과정을 고유의 방법으로 취하고 있어 특징적인 지역성을 강조할 수 있기 때문이다. 저널리스트인 가나마루 히로미金丸弘美씨는 "지방화를 철저하게 해야 국제적으로 통용되는 힘을 가진 시대를 열 수 있다"라고 했는데, 앞서 말한 것과 같은 의미이다.*

그리고 '지역 자원 형성(발굴) – 보전 – 갈고닦기 – 이용 및 활용'이라는 과정이 하나의 스토리가 되어 상품화된다면 소비 행동으로연결될 가능성이 높아진다. 그러한 지역에서의 구체적인 환경 지향은 소비자의 공감을 얻을 수 있기 때문이다. 최근에는 인터넷 보

---

* 金丸弘美, 『美味しい田舎のつくりかた』(學芸出版社, 2014).

급으로 '롱테일 현상'(온라인에서는 재고나 진열대에 얽매이지 않고 방대한 양의 상품을 취급할 수 있어, 팔리지 않는 상품의 다품종 소량 판매를 통해서도 큰 이득을 실현할 가능성이 있는 것)이 생겨나 개성적인 소비도 주목받고 있다. 이러한 소비를 촉진시키는 한 가지 요소가 공감이며, 이를 이끌어내는 것이 스토리이다. 즉, 지역 자원을 보전해 갈고닦아낸 지역에서의 활동은 스토리를 만들어내고 도시 소비자의 공감을 불러일으켜 인터넷 판매 등을 통한 소비로 연결될 가능성이 높아진다. 지역 자원 보전형 경제의 구축은 이렇게 새로운 농산촌 경제의 기본 바탕으로 이어지는 것이다.

그 전형적인 사례로 고치현 시만토강四万十川 연안 지역의 시책을 들 수 있다. 마지막 남은 청류라고도 불리는 시만토강을 지역 자원으로 해 그곳에서 채취되는 장어, 메기, 새우 등을 오래전부터 특산물로 삼았고, 그러한 환경 속에서 차와 표고버섯 등 풍부한 농산물과 임산물도 생겨났다. 이뿐만 아니라 시만토강의 아름다운 경관을 보기 위해 계절별로 많은 방문객이 찾아와 새로운 경제 효과를 내고 있다. 그렇기 때문에 이 지역 자원의 원천이라고도 할 수 있는 시만토강에 부담을 지우지 않기 위해 많은 농업자들이 무농약 혹은 저농약 농법을 실천하기 시작했다. 그리고 '시만토강에 부담을 주지 않는 것 창출하기'로 지역 농산물을 특징짓고 있다.

중류 지역의 시만토정四万十町 구 도와촌十和村에 입지하고 있는 지역 만들기 회사인 '주식회사 시만토 드라마'는 미치노에키道の駅* 운영, 지역 만들기의 여성 그룹 지원, 농림수산물 개발과 가공으로 이미 많은 실적을 올리고 있다. 예를 들어 그 지방에서 생산한 100% 녹차 음료, 자원을 이용한 폐신문지로 만든 가방(미치노에키의 비닐봉지 무료 배부를 대체) 등의 판매는 전국적으로 화제가 되었다. 회사 측의 총 판매액 중 약 50% 정도가 인터넷 판매와 관광사업이며, 시만토강을 거점으로 지역 밖으로의 발신을 적극적으로 하고 있다. 그곳에서는 '지방 발착형 산업'을 '지역 자원의 생산 현장을 보전하고 활용해, 거기에서 창출된 상품이 공감을 얻어 지방으로 돌아오는 산업'이라고 설명하고, 상품 개발을 기본 방침으로 삼는다. 이것이 바로 '지역 자원 보전형 경제'의 사고방식인 것이다.

둘째는 경제 규모이다. 이를 '작은 경제'라 부르고자 한다. 혹독한 농산촌 경제이기는 하지만, 농산촌 주민에 대한 설문 조사에 따르면 "어느 정도의 월수입이 추가로 더 필요한가?"라는 물음에 의외로 큰 금액을 답하지 않았다. 특히 고령자는 대부분 월 3만 엔에서 5만 엔이 필요하다고 했으며, 이는 연간 36만 엔에서 60만 엔의 추가 소득이다. 이에 대해 고령자는 "지금의 연금에 3만 엔 정도가 더 있다면 손주에게 용돈도 더 줄 수 있고 좀 더 여유 있는 생활이 가능할 것 같다"라며 생활상을 실감할 수 있게 설명했다. 한창 일을 하는 남성(40~50대)들도 같은 질문에 '월 10만 엔 이상'이라고 응답

• 지자체와 도로 관리자가 연대해 설치한 도로 이용자를 위한 시설이다. 주차장, 휴게 시설, 지역 진흥 시설이 있으며 그 지역의 특산물 등을 판매하기도 한다 —옮긴이.

한 사람이 과반수를 넘지 않았다.

이러한 수준의 소득 형성 기회, 즉 '작은 경제'를 지역 내에 확실하게 구축하는 것이 고령자 비율이 큰 농산촌에서 요구된다. 그것은 각지의 농산물 직판장, 농산물 가공장, 농가 레스토랑, 농가 민박 경영에서 얻을 수 있는 추가 소득 수준에 달하며, 이것이 '작은 경제'의 구체적인 그림일 것이다.

이 '작은 경제'는 경제 규모가 작기 때문에 기업 참가가 어렵지 않다는 공통점이 있다. 그러나 기업 참가 이후의 지속성이 작은 경제의 과제이다. 그렇기 때문에 이 지속성을 확보하기 위한 지원을 필요로 한다. 예를 들면 직판장은 운영자(농협, 생산조합, 행정 등)가 생산자를 모집하는 과정을 거쳐 생겨났지만, 다수의 영세 생산자(출하자)의 주체와 그들을 지원하는 주체(운영자)에 의해 구성되는 사업체라 할 수 있다. 그리고 후자는 전자를 위한 불가결한 존재이며, 그것에 의해 '작은 경제'가 형성되는 것이다. 그리고 후자는 전자가 지불하는 출하 수수료로 지탱하고 있다.

'작은 경제'가 지속성을 확보하기 위해서 두 주체 간의 연대는 피할 수 없다. 즉, '작은 경제'를 조정할 기능과 인재들을 필요로 하며 실제로는 거기에 새로운 고용이 창출될 가능성을 지적할 수 있다. 최근에 지역 산업 일으키기를 지원하는 회사와 NPO의 설립이 증가했고, 그곳에서 젊은이들을 고용하는 사례도 증가하고 있다. 예를 들면 앞에서 소개한 고치현 시만토정의 '주식회사 시만토 드라마'는 '작은 경제'의 전형인 그 지역 출신의 여성 그룹 '도와 어머

니 시장+和おかみさん市'(농산물 직판과 가공, 농촌 레스토랑과 도시·농촌 교류 사업을 행하는 모임)의 농업 생산과 농산물 가공을 유통, 판매, 마케팅 면에서 지원하는 활동을 하는데, 그 외에 상품 개발을 포함해 젊은이를 중심으로 30명 정도 고용했다. 그것은 구 도와촌의 범위에서 생각했을 때 행정기관의 지소 다음으로 큰 사업체라 할 수 있다.

요약건대 '작은 경제'가 젊은이의 취업을 실현하는 '중간 정도의 경제'를 만들어내는 과정이 새롭게 태어나고 있는 것이다. 이것은 공업 도입과 리조트 개발이라는 외부 사업의 파급효과에 기대하는 외래형 발전과는 명백하게 다르다. 농산촌다운 '작은 경제'를 내부에서 축적해가는 것이 새로운 산업과 고용을 만든다는 의미에서 '축적 효과'라 표현하고자 한다. 즉, '작은 경제'의 집적으로 쌓아올린, 젊은이들이 모이는 '중간 정도의 경제' 형성, 그것이 농산촌의 새로운 사업의 내발적 발전 과정인 것이다.

도시·농촌 교류의 의미

이상으로 지역 만들기의 세 가지 주축에 관해 설명했다. 마지막으로 전체와 관계되는 새로운 요소로서 도시·농촌 교류의 의의를 논하고자 한다. 이는 농촌에서 이루어지는 작은 행사부터 농가 민박까지 폭넓고 다양한 활동인데, 앞에서 게재한 〈그림 2-2〉와 같이 두 가지 방법의 지역 만들기와 관련된다.

첫째, 교류는 '생활의 척도'와 관계가 있다. 앞서 도시·농촌 교류에 '거울 효과'가 있다는 점을 강조했듯이 도시 주민(손님)의 농산촌 공간과 농산촌 생활, 농림업 생산에 대한 새로운 발견과 감동이 거꾸로 농촌 측(호스트)에 새로운 자신감을 주고, 때로는 그것이 '자긍심의 공동화'를 발전시키는 힘이 된다.

이렇게 손님과 호스트가 감동과 자신감이라는 '일깨움'을 가지고 서로 배우는 것이 교류인데, 이에 따라 지역 만들기에 대한 둘째 흐름이 생겨난다. 즉, 도시·농촌 교류 산업으로서의 가능성이다(교류의 '산업화'). 도시·농촌 교류는 일반적인 관광업과는 달리 여기에서 언급한 상호 간 배움의 요인이 되며, 많은 재방문자를 획득했다. 예를 들면 일본에서 농가 민박을 가장 먼저 시작한 오이타현大分縣 구아지무정安心院町 (현재 우사시)에서는 농가 민박의 손님 재방문율이 높다. 그래서 '단골 농가를 만들자'라는 문구는 항공 회사의 캠페인에도 쓰였다. 이러한 '단골'을 가진 사람들(재방문객)을 늘리는 것은 인구 감소하에서 시장 규모 축소가 진전되는 일본 산업의 기본적 대응이기도 하다. 그런 점에서 실제로 도시·농촌 교류는 산업으로서 육성할 조건을 갖추고 있다.

이렇게 해 도시·농촌 교류는 일방적으로는 '교류의 거울 효과'를 통해 '생활의 척도 구축'에 공헌하며, 다른 한편으로는 '교류 산업'으로서 '금전과 그 순환 구축'에 직접 연결될 수 있다. 그리고 그것이 지역에 매력을 더하고 더욱 높은 단계에서 도시·농촌 교류가 이루어지는 조건을 형성한다. 즉, 지역 만들기가 교류를 통해 좀 더 높은 단계로 발전할 수 있게 된다. 말하자면 '지역 만들기의 교류

순환'이며 거기에서 지역 만들기의 지속화를 향한 가능성을 발견할 수 있다.

이처럼 향후 산촌의 지역 만들기에서 도시·농촌 교류는 다면적으로 큰 역할을 기대할 수 있다. 이러한 시책이 지역 재생을 향한 '전략적 활동'으로 다시금 자리매김할 수 있도록 해야 하지 않을까?

3장

지역 만들기의 여러 가지 모습

주고쿠 산지의 도전

1. 지역 만들기의 선행 사례: 야마구치현 야마구치시 니호 지역 개발협의회

니호 지구의 지역 만들기 역사

2장에서 소개했듯이 돗토리현 지즈정의 '제로분의 일 운동'을 비롯해 1990년 후반부터 시작된 지역 만들기는 체계성을 의식한 활동이 적지 않다. 그런 의미에서 지역 만들기는 1990년대 후반부터 본격화되었다고 할 수 있다. 한편, 그 이전부터 활동한 사례도 몇 가지 존재한다. 특히 야마구치현 야마구치시 니호仁保 지구의 활동은 2001년도의 농림 수산 축제(마을 만들기 부문)에서 천황배를 수상하는 등 여러 면에서 각광받았다.

그곳에서는 지역의 여러 단체를 포섭한 횡단적 조직을 중심으로 많은 주민이 참가하는 산업, 생활, 환경 면에서 끊임없는 활동이 이어져 왔으며 활동을 이끌어온 이들의 세대교체 또한 이루어진 것이 특징이다. 잘 알려진 이 활동에 관해 2장에서 정리한 '지역 만들기의 세 가지 주축'을 참고로 다시 한번 지역 만들기의 의미를 확인해보고자 한다(〈표 3-1〉).

니호 지구는 2005년 합병해 지역을 확대하기 이전의 구 야마구치시 북부에 위치한 구 무라村였다. 현청 소재지인 야마구치시 안에 위치하고 있지만, 대부분의 마을은 지형적으로 경사 지역(농림 통계상의 중간 지역)에 입지해 있다. 니호 지구는 23개 마을로 구성되며 인구는 3278명(1401세대), 고령화율은 36%이다(2013년 9월 기준).

니호 지구에서는 1960년대에 심각한 인구 감소가 발생했다. 그 과정에서 지역의 리더는 '현재 상황을 방치한다면 니호 지구의 활력이 사라질 것이다'라는 강한 위기의식을 품고 1969년에 니호 지역 개발협의회를 설립했다. 이는 마을 단위의 자치회 연합체인 니호 자치회를 비롯해 농협(당시의 니호 농협)과 토지개량법인 등 구 무라 내의 모든 조직을 포섭한 것이다. 종래의 마을을 유지하면서 그보다 큰 범위에서 좀 더 적극적인 대응을 시도하는 '생활의 체제 구축' 실현을 꾀했다.

개발협의회는 우선 야마구치 대학 농학부의 협력을 얻어 지역의 실태를 파악하고 이를 분석했다. 그것을 기초 자료로 해 1971년에는 지역 만들기 마스터플랜인 '지역 개발 기본 계획'을 작성했다.

표 3-1 야마구치현 야마구치시 니호 지구의 지역 만들기 전개

	생활의 척도 구축	생활의 체제 구축	금전과 그 순환 구축
1969		• 니호 지역 개발협의회 설치	
1971	• '근대적 시골 사회' 건설을 기본 이념으로 하는 '지역개발 기본 계획' 정리		
1973		• 주민이 참가하는 축제로서 '대농업 축제' 개시	
1975			• '흙을 움직이는 마을 만들기' 개시
1977			• 가미고 내의 포장 정비 개시
1978	• 지역 교육 간담회(신임 교원 지역 내 걷기) 개시		
1983		• '가미고 영농개선조합' 설립에 맞추어 '오토미(大富) 지구를 더 좋게 만드는 모임' 발족	
1985	• 생활협동조합과 소비자와의 교류 모임 설치		
1986		• 농협이 지구 내에 농산 가공장을 설치해 농촌 여성들로 결성된 '마을의 맛 가공 조합' 위탁	
1987			• '다채롭고 풍요로운 마을 만들기' 개시
1989			• 생활협동조합과의 산지 직송 제휴 활동
1990			• '안전한 먹거리를 배달하는 마을' 만들기 개시
1995			• 아침 시장 설치
1998		• '니호 마을 만들기 학교(젊은 층 조직)' 발족 • 중심 시가지와 교류 개시	
2000	• 미치노에키 니호의 고향 오픈(주민 출자 운영 회사 설립)		

자료: 니호 지역 개발협의회 자료 및 인터뷰 조사를 토대로 작성했다.

거기에는 지역 만들기의 기본 이념이 '근대적 시골 사회의 창조'라는 슬로건과 함께 정리되어 있다. 이는 '가능한 한 많은 주민이 참가해 생활환경을 근대화하고 인정 넘치는 시골 사회와 농업을 소중히 하는 마을을 만든다는 것'(기본 계획)을 의미한다. 당시에는 고도 경제성장이 한창이던 시기였는데, 지방 단위에서도 진행되던 일반적인 '근대화' 지향 속에서 '시골 사회'와의 양립을 지향하려는 이념은 이 책에서 말하고자 하는 '생활의 척도 구축'을 인식한 시책이었다. 기본 계획에서는 '인정'과 '풍부한 농업'을 니호 지구의 독자적인 '척도'로 삼고 있다.

이 '기본 계획'에서는 좀 더 구체적으로 '농업을 소중히 하는 마을 만들기', '어린이들을 위한 향토 교육'과 관련한 방침을 정했다.

전자에 관해서는 개발협의회의 합의에 근거해 당시의 니호 농협을 중심으로 '토지 정비 마을 만들기'(1975년부터 조건 불리 지역을 우선하는 포장 정비 실시)부터 시작해 그 이후에는 전국적으로 앞장서서 농업의 6차 산업화와 교류형 농업을 지향하고, '다채롭고 풍요로운 마을 만들기'(1987년부터 다품종 소량 생산과 농산물 가공 추진), '안전한 먹거리를 배달하는 마을'(1990년부터 생활협동조합과의 산지 직송 제휴 활동, 환경 보전형 농업, 직매 점포 판매 촉진) 등의 방향으로 차례로 기획해 실천하고 있다. 니호 지구는 중산간 지역의 소규모 농업 지역인데도 불구하고 그러한 조건하에서 소득을 증가시키기 위한 전략을 세우고 정부 단위의 농정에 앞서 여러 가지 도전을 해 왔다. 이는 '금전과 그 순환 구축'이라 할 수 있다.

후자인 '어린이들을 위한 향토 교육'에 관해서는 1978년에 '지역 교육 간담회'를 만들었다. 이 간담회 자리에서는 지구 내의 유치원, 초등학교, 중학교 선생님과 지역 주민과의 교류가 진행되어 거의 격년에 한 번씩 초등학교 및 중학교 신임 선생님과 개발협의회의 임원이 지구 내의 농가와 지역 자원, 시설을 함께 시찰하는 활동을 계속해오고 있다. 이는 니호 지구의 교육을 담당할 선생님이야말로 지역을 자랑스럽게 여겨야 한다는 생각에서 비롯된 것이다. 이 간담회는 지금도 계속되고 있으며(최근에는 매년 실시), 더욱이 어린이들의 '대농업 축제' 참가도 당초보다 적극적으로 체제화되고 있다. 그렇기 때문에 지구 내의 어린이들은 어린이 모임을 졸업한 후에도 지역 활동에 적극적으로 관여한다. 이것 역시 '생활의 척도 구축'을 의식한 시책일 것이다.

어린이들과도 관계를 구축하려는 지구의 대응책과 관련해 1983년에 지역 내의 시영 버스 노선(2노선)이 폐지되었을 때를 떠올릴 수 있다. 버스 운영 경비의 일부를 지구 주민의 전 세대가 부담해 대체 학교 버스를 만들었고 그 후에도 이를 계속 운행하고 있다. 버스를 이용하는 아동의 보호자만이 아니라 전 주민이 경비를 부담하고 있는 것이다. 여기에는 지구 전체가 어린이들의 교육 조건 향상을 지원하려는 의지를 나타내고 있다.

또 개발협의회는 '살기 좋은 지역 창조'를 테마로 지역 환경 보전, 즉 지역을 가로지르는 니호강의 보전에 힘을 쏟고 있다. 지구 내에서는 '니호강을 보전하는 모임'을 만들어 '개구리와 민물송어가

미치노에키 니호의 고향

살고 반딧불이가 날아다니는, 어린아이들이 헤엄치고 놀 수 있는 강을 지키겠다'는 구체적인 목표를 설정했다. '니호강을 보전하는 모임'은 광역의 '후시노강砥野川의 원류를 지키는 모임'(니호강은 후시노강의 지류에 해당) 활동에서도 중심적인 역할을 한다. 예를 들면 상류 지역의 산업폐기물 시설의 입지 계획에 반대해 수원 보호를 목적으로 지구 내외에서 기부금을 모았다. 그렇게 모은 약 1200만 엔을 기부해 시가 그 토지를 매수함으로써 산업폐기물 시설 계획을 백지로 돌려놓았다. 1997년에 처음으로 시에서 제공한 마을 배수 사업에 대한 시책도 '니호강을 보전하는 모임'의 지역 환경 보전의 일환이었다. 이러한 오랜 기간에 걸친 활동이 축적되어 2000년에는 그 연장선으로 지구 내에 '미치노에키 니호의 고향'을 만들었다.

이는 미치노에키이면서 특히 지구 내의 주민이 모여 누구나가 이야기를 나눌 수 있는 장소, 즉 '지역 살롱'과 같은 활동 거점 확보를 목표로 계획했다. 종래에는 니호 지구를 단위로 하는 소규모 농협이 그러한 역할을 했지만, 농협이 광역 합병을 하면서 활동 거점으로서의 기능은 약해질 수밖에 없다는 주민들의 위기의식을 배경으로 한 대응책이었다. 그래서 이 미치노에키에는 지구 중심부에서나 볼 수 있는 우체국, 농협에서 운영하는 슈퍼마켓, 버스 정류장 등이 있다. 그 후 시의 지역 교류 센터도 인접 지역에 건설되어 이른바 원스톱 서비스의 거점을 형성했다. 이곳은 지구 내의 대농업 축제와 아침 시장, 각종 강연회장으로 활용된다.

더구나 이 운영은 자주 볼 수 있는 제3섹터 방식이 아니라 운영 주체로서 주민 출자 유한회사를 설립해 실질적으로는 니호 지역 개발협의회의 의사에 따라 경영되고 있다는 점에서 특별하다. 오픈 이후 흑자 경영을 계속하고 있는 것도 지역 주민들에게 '우리 가게'라는 인식이 있기 때문일 것이다.

이와 같이 니호 지구에서는 '생활의 척도 구축', '생활의 체제 구축', '금전과 그 순환 구축'이라는 세 가지 주축이 균형 있게 운영된다.

또 이 지역에서는 지역 만들기 과제 중 하나인 '후계자 양성'을 의식해 1998년 지역 차세대가 주체가 되어 '니호 지역을 중심으로 한 마을 만들기 학교'를 설치했다. 뒤에서 언급할 개발협의회의 현재 사무국장도 이곳 출신이다. 미치노에키 설계 역시 이 그룹이 중심이 되어 진행했다. 현재는 세대교체되었으며 성인식 전야제, 여름 축제, 대농업 축제 등도 이 그룹이 담당하고 있다.

두 가지 '니호 방식'

니호 지구의 지역 만들기는 독자적인 방식을 구축했다. 다음 두 가지 방식인데, 지역 안팎에서 종종 '니호 방식'이라 불린다.

첫 번째 '니호 방식'은 시설 및 도로 개발과 관련된 것이다. 개발 협의회의 당시 대표자는 다음과 같이 설명했다.

공공사업에서는 용지 문제가 해결되면 사업의 약 80%는 완성된 것이나 다름없다는 말을 자주 한다. 니호는 그것을 역으로 받아들여 지역 내에서 용지를 교섭하면 행정은 20%만 대응하면 되기 때문에 사업 도입을 신속하게 추진할 수 있을 것이라 생각했다.

이러한 방식을 실천에 옮긴 것은 1972년 큰 수해로 피해를 입었을 때였다. 마을이 육지의 외딴섬이 되었는데, 주민 전원이 자금을 융통해 도로 폭 확장에 필요한 용지를 확보했고, 행정 담당자에게 도로 정비를 요구했다. 이것은 긴급 대응이었는데, 이후 용지 매수가 필요할 때 개발협의회가 주민과 협의해 사업에 필요한 용지를 미리 한데 모아 행정에 제시하는 방식으로 정착되어갔다.

실제로는 사업 진정을 내기에 앞서 '토지 매매 계약서', '등기 위탁 승낙서'를 요청해 지원자 전원의 인감을 받고 인감증명서도 첨부해야 했다. 그러나 이 계약서에는 토지 표시는 물론 면적과 금액 등이 아무것도 기재되어 있지 않아 이른바 '용지 취득 백지 위임'을 한 것이나 마찬가지였다. 그것은 가장 번거로운 일을 지역이 솔선 수범해 실시했다는 것을 의미하며, 행정도 이러한 지역에 대한 대응을 우선시해야 했다. 지역 내 개발협의회에 대한 신뢰가 생겨 최근까지도 이러한 일들을 해오고 있다(2000년 미치노에키 건설, 2012

년 중학교 체육관 재건립).

두 번째 '니호 방식'은 '조건 불리 지역 우선 방식'이다. 이것이 생긴 배경에는 개발협의회가 결성되기 전 공공사업을 둘러싼 논의가 있었다. 1963년, 구 니호무라를 포함한 구舊 오우치정大內町을 야마구치시에 합병했다. 당시 니호 지구에는 포장도로가 하나도 없었고, 야마구치시는 니호 지구 내에 어떤 도로부터 포장할지에 관한 순위 결정을 지역 총의에 맡기는 방식으로 진행했다. 지역 내에서는 여러 가지 논의들이 나왔다. 투자효율을 중시하는 사람은 지역 중심부에는 도로를 이용하는 사람들이 많으므로 포장이 필요하다고 강력하게 주장했고, 여러 마을에서 '우리 지역이 먼저'라는 목소리가 으레 나왔다고 한다. 그러나 격렬한 논의 끝에 최종적으로 합의된 방침은 가장 벽지 지역인 산간부 노선부터 정비하는 것이었다. 이는 지구 내에서 지리적으로 가장 불리한 지역의 정비를 우선시해 지역 전체의 인구 감소를 막으려는 것이었다.

그 후 두 번째 '니호 방식'은 그대로 개발협의회에 정착해 1975년부터 '토지 정비 마을 만들기'에 따른 포장 정비 사업에서도 이 원칙을 고수했다. 1960년대의 시 도로와 같이 '조건이 불리한 마을부터 정비한다'는 주변부 마을을 우선시하는 원칙을 수립했다. 실제로 이 방식 덕분에 주변부 마을에서 시작되는 인구 감소를 줄였고 그 후 지구 전체의 쇠퇴를 막는 데 큰 역할을 했다고 개발협의회의 임원들은 평가하고 있다.

새로운 전개

야마구치시의 광역 통합(2005년)을 계기로 이후 지역 만들기 방침과 관련된 '야마구치시 협동 마을 만들기 조례'가 제정되었다. 2009년도 시행에 맞추어 '야마구치시 협동 추진 플랜'도 작성되었는데, 그 안에는 '지역의 종합력 발휘'를 주제로 지역 과제 해결을 담당하는 시민활동 단체와 사업자 및 교육기관을 명시하고, 행정과의 협동에 대한 방향성을 나타냈다.

협동 마을 만들기를 추진하는 주체로서 시내 21지구에 '지역 만들기 협의회'를 설치했다. 또 시에서는 이를 지원하기 위해 각 지구에 지역 교류 센터(종래의 생애 학습 및 사회교육 기능에 지역 만들기 기능을 더한 시설)를 만들어 전임 직원도 여러 명 배치했다. 2010년도에는 협의회가 자유롭게 활용할 수 있는 '지역 만들기 교부금'을 제공하고, 각 협의회의 창의적인 사고방식에 따른 독자적인 활동을 할 수 있도록 정책을 정비했다. 이에 따라 니호 지구에서는 앞에서 서술했듯이 긴 역사를 지닌 니호 지역 개발협의회를 시가 지정하는 '지역 만들기 협의회'로 발족했다. 또 2010년에는 미치노에키에 인접한 장소에 지역 교류 센터를 설치해 소장(시의 과장급)을 비롯해 시 행정 직원 4명을 포함한 총 9명을 상주시켰다. 그중 1명은 개발협의회의 교부금으로 고용한 사무국장이며, 행정 직원도 사무적인 지원을 행하는 체제를 구축했다.

니호 지역 개발협의회는 지금까지 소개한 것과 같이 폭넓은 활동을 해왔는데, 실제로는 전임 사무국의 담당자를 배치하지 않았다. 농협과 토지개량구 등의 직원이 활동에 따라 업무를 담당했던 것이다. 시의 이러한 체제는 개발협의회도 고려하고 있던 사항이었기 때문에 더욱더 박차를 가해 실행되었다고 볼 수 있다.

새롭게 설치한 전임 사무국은 예전부터 개발협의회의 지역 만들기 활동에 중심이 된 농협 직원이 조기 퇴직한 후 국장을 맡아 담당하고 있다. 이 사무국장은 각종 단체(2014년 기준 13개 조직)와 연대를 꾀하는 핵심적인 인물로 활발한 활동을 추진한다. 구체적으로는 지구 내 각 마을과의 의견 교환(마을 좌담회, 마을 설문 조사)을 통해 요청 사항을 정리하고, 지역에서 해결할 수 없는 것은 시와 현에 요청하며 필요한 사항은 협의회의 새로운 시책으로 기획 및 실시한다.

2013년도의 활동을 대략적으로 살펴보면 개발협의회는 948만 엔의 교부금(사무국 인건비 및 사무비 등 약 379만 엔 포함)을 시로부터 받아 ① 지역의 기초적 활동('니호 소식지' 발행, 알차게 구성된 홈페이지, 사진 콘테스트, 각지에 간판 설치, 마을 좌담회, 마을로부터의 요청 사항을 설문 조사), ② 지역 복지 활동(건강 교실, 재해 시 안전 지도 작성), ③ 안전 및 안심 활동(교통 위험 지역 정비, 방재 지도 작성 및 배부, 통학로 수목 벌채, 방범등 설치, 유해 동물 피해에 관한 방지 대책), ④ 환경 정비 활동(다 함께 청소, 마을 화단 설치), ⑤ 지역 개성 창출(여름 축제인 '대농업 축제', 학교에서 설날 장식しめ繩 만들기 지원) 등의 활동을 하고 있다.

또 앞에서 언급한 유치원, 초등학교, 중학교 선생님과의 '지역 교육 간담회'가 주최하는 시찰은 '지역 교육 시찰'이라고 이름을 바꾸어 ①의 범주에서 실천하고 있다. 또 ①의 홈페이지에서는 이벤트

정보만이 아니라 니호 지구의 역사와 경관, '빈집 정보' 등 알찬 소식을 제공하고 있으며 정보 발신 능력도 꽤나 높은 편이다. 최근 도쿄를 비롯해 전국에서 이주자가 이 지구에 3세대나 들어온 것은 이러한 활동의 성과라고 평가할 수 있다.

니호 지구의 지역 만들기는 개발협의회가 설립된 이후 45년이 경과했다. 설립 준비 과정까지 포함하면 약 반세기가량의 시간이 흘렀다. 그 과정에서 몇 세대에 걸친 세대교체가 있었고, 위 세대에서 아래 세대로 전수해가며 활동을 계속하고 있다. 이는 지역 만들기가 장기에 걸쳐 지속할 수 있는 가능성을 지녔다는 것을 우리에게 일깨워준다.

2. 새로운 형태의 지역 만들기

커뮤니티를 통한 주택 정비: 히로시마현 미요시시 아오가 지구

① 초등학교를 중심으로 한 지역 커뮤니티

히로시마현 미요시시三次市 아오가 지구靑河地區는 시정촌 통합 전의 구 미요시시 남부에 위치하고 있으며, 전반적으로 중산간 지역의 색채가 강한 미요시시 안에서 비교적 평야에 가까운 지역이라고 할 수 있다.

미요시시에서는 '헤이세이 대합병'으로 2004년에 1시 4정 3촌이

합병했다. 그 당시에 구舊 정촌부를 포함해 19개의 주민자치 조직을 설치했고, 각 조직이 작성한 '지역 마을 만들기 비전'을 근거로 한 지역 만들기가 시작되었다. 아오가 자치진흥회는 인구 483명(2014년 4월)으로 시내 진흥회 중에서 가장 작은 규모였다.

지역 내에는 젊은이들의 모임인 '고이가와회小似川會'를 비롯해 '반딧불 모임', '산 오두막 모임', '아오가 자원봉사자 그룹', '영농 활성화 그룹', '아오가 젊은이', '예능 보존회' 등 많은 임의 그룹이 조직되어 다양한 활동을 전개하고 있다. 자치진흥회는 이러한 기능적 조직과 8개의 상회常會(지연地緣 조직)를 통솔한다. 또한 미요시시에서는 통합 후에 공민관을 폐지했고 그 기능을 주민자치 조직 활동으로 인계했는데, 아오가 자치진흥회도 그러한 성격을 지니고 있다.

아오가 자치진흥회 조직은 '총회 부회府會', '생애 학습 부회', '복지 건강 부회', '환경 안전 부회', '청소년 육성 부회', '체육 레크리에이션 부회', '자주 방재 부회' 등 7개의 부회를 설치해 각각 활발한 활동을 하고 있다.

이 지구의 중심에는 초등학교가 있으며 원래 공민관이었던 커뮤니티 센터, 상점, 우체국이 모여 있고, 사원과 신사도 있다. 학교와 일체화된 커뮤니티 센터 광장에서는 이벤트를 열기도 하는데, 이곳에는 숯가마와 야외 활동용 통나무집도 있다. 초등학교를 중심으로 한 지역 거점이 형성된 것이다.

그 덕분에 지역 사람들은 초등학교에 대한 특별한 애정을 지니고 있다. 단순한 교육기관이 아니라 지역의 '보루'라고 여기는 것이다. 그렇기에 앞에서 서술한 '지역 마을 만들기 비전'에서는 일반적으로 '풍요롭고 아름다운 자연환경을 지킬 수 있는 마을'이라는 표현을 많이 사용하는데, 아오가 지구에서는 '학교를 지역의 학교로 받아들이고, 지원과 협력을 아끼지 않는 마을', '소자화로 발생한 모든 문제의 해결에 적극적으로 임하는 마을'이라는 두 가지 항목을 '아오가 비전'의 특징으로 삼는다. 이 지역에서 초등학교는 지역의 생명선으로 인식하고 있다.

진흥회의 주요 활동은 ① 생기 넘치는 살롱 사업(연 6회 진행하는 고령자의 모임의 장), ② 도시와의 교류 사업(히로시마시의 유치원아 200명을 초대해 고구마 캐기 모임 실시), ③ 아침 시장 모임(주 2회 농산물 직판하기, 2013년부터 실시), ④ 지역 양부모 사업(지역 어린이들과 주민의 교류 이벤트), ⑤ 고향 축제(지역 문화제), ⑥ 반딧불 축제(800명이 방문하는 교류 이벤트, 매년 6월)가 있다. 또, 주체는 다르지만 지구 운영의 학동 보육(커뮤니티 센터에서 실시)도 실질적으로 자치진흥회 사업이라고 봐도 좋을 것이다.

이렇듯 자치진흥회 활동은 실제로 다양하고 활발하다. 이 중에는 공민관 시절부터의 활동뿐만 아니라 최근에 시작된 활동도 있으며, 주민의 목소리와 지역 실정을 잘 반영하고 있다. 활동 자금과 사무국 경비(커뮤니티 센터 직원의 임금 포함)는 각 세대의 연간 회비인 1500엔 외에 시의 자치 활동 지원 교부금으로 유지된다.

여기에 더해 특징적인 두 가지 움직임이 있다. 이는 새로운 형태의 지역 만들기 활동이라 할 수 있다.

그중 하나가 2011년부터 실시된 '생활 서포트 사업'이라 불리는 '각종 대행과 운송 서포트'이다. 구체적인 업무로는 다음 다섯 가지가 있다. ① 선호 업자 소개 서포트(문제 해결을 위한 의뢰처 소개 및 조정), ② 대행 서포트(복지 서비스 수속, 장보기 대행), ③ 지식 및 정보 서포트(어린이들을 위한 학습 어드바이스 포함), ④ 수송 서포트, ⑤ 친목 및 교류 지원 등이다. 실적을 보면 2013년도에는 배달 서포트 이외에도 유기된 고양이를 위한 대책, 우체통에 편지 넣기, 전기 수리업자 소개, 컴퓨터 고장 수리, 각종 서류 작성에 관한 지원을 자치진흥회 자원봉사자 구성원들이 실시하고 있으며 지역 주민에 대한 종합 서포터로서 기능하고 있다.

이 가운데 가장 주요한 활동은 수송 서포트이며, 2013년 한 해 동안 1752명이 이용했다. 이것은 자치진흥회 회원이 시내에 위치한 슈퍼마켓, 병원과 시청 등 공공기관에 갈 때에 수송해주는 서비스이다. 8인승 승용차를 빌려서 주 3회, 각각의 목적지와 아오가 지구 사이를 세 번씩(8시, 10시, 13시) 왕복한다. 이용자가 전날 오전까지 예약 신청을 하는 콜택시 형태의 교통이다. 연간 경비인 약 80만 엔은 '생활 서포트 사업'을 위해 진흥회의 모든 회원으로부터 지원받아 모은 회비(연간 4500엔, 앞에서 서술한 자치진흥회 회비 1500엔에 이것을 더함)로 지출한다. 따라서 이용자로부터는 운임을 받지 않는 '무상 수송'이다. 운전기사 역시 진흥회 회원으로 활동하고 있는 자원봉사자이다.

이용자의 목적은 예정되어 있던 장보기와 병원으로의 수송에 있으나, 선거 투표장으로의 이동과 자치진흥회의 각 행사(노인대학 등) 참가를 돕는 수송도 있다. 자동차와 운전면허를 가지고 있지 않은 고령자의 요구 사항을 들어주는 체제이다.

② 주민 출자 회사에 의한 주택 정비

또 하나의 특징적인 형태는 이주자를 위한 주택 정비이다. 앞에서 서술했듯이 아오가 지구의 주민 대부분은 초등학교에 특별한 애정이 있다. 학생 수가 감소하는 것을 눈앞에서 보고 위기의식을 가진 몇몇 주민이 공동 출자해 발족한 것이 '유한회사 블루리버'이다.

2002년 발족 당시의 출자자는 9명(남성 8명, 여성 1명)으로 1인당 100만 엔을 출자했다(그 후 사망 1명, 신규 참가 1명). 회사의 목적은 '지역의 가치를 높이고 나이가 들어도 안심하고 생활할 수 있는 지역 만들기'로 정했다. 참가한 9명은 당시 42세부터 76세까지 세대가 폭넓었으며, 직업도 농업, 사업 경영자, 단체 직원, 회사원 등 다양했다. 그들의 과반수 이상은 이전에 공민관 활동을 함께 해왔던 동료들이며 공민관 활동이 세대와 직업을 넘어 다양하게 이어졌다.

출자할 때의 약속은 탈퇴하더라도 변상하지 않고 이익배당도 하지 않는 것이었다. 즉, 실질적으로 구성원들이 기부금을 낸 것이라 할 수 있다. 이 자금으로 실시한 것이 이주자를 불러들이기 위한 주택 정비이다.

통상적으로는 행정에 공영주택 건설을 요청하고 그것을 실현하

는데, 아오가 사람들은 그
렇게 하지 않았다. 스스로
의 힘으로 초등학교를 지
키고, 입주자들 역시 그들
이 선택하고 싶었기 때문

이다. 구체적으로는 ① 초
등학교 이하의 아이들이

유한회사 블루리버가 건설한 주택

있는 가족일 것, ② 학교교육에 대한 이해와 협력을 얻을 수 있을
것, ③ 지역 행사에 적극적으로 참가할 것, ④ 상회(마을 반상회)에는
반드시 가입할 것이라는 네 가지 조건을 입주자들에게 요구했다.
행정이 관여할 때는 이러한 것을 요구하기가 확실히 쉽지 않다.

그리고 2002년부터 10개 동을 목표로 준공을 시작했다. 시공은
구성원이 임원을 맡고 있는 건설 회사에서 더 저렴한 비용으로 인
수했다. 당연히 건설 비용은 출자금(900만 엔, 2002년 이후 1000만 엔)
만으로는 부족하기 때문에 9명 전원의 연대보증으로 신용금고와
농협에 융자를 받았다.

2003년에는 첫 번째 동이 완공되었다. 그 후 2007년까지 7개 동
을 신축하고 3개 동의 빈집을 리모델링해 당초 목표로 한 10개 동
을 달성했다. 집세는 신축인 경우 5만 3000엔(관리비 포함)인데, 2
층 건물에 3LDK*이며 전기화 설비가 갖추어진 집이라는 것을 기
준으로 했을 때 저렴한 가격이다. 그리고 블루리버는 이익배당을
하지 않는 경우도 있으며 이용자에게 환원하기 위해 두 차례에 걸

쳐 집세를 인하(리모델링 주택 대상)했다.

이러한 시책의 결과로 10개 동에 거주한 열 가족(39명)을 비롯해 미요시시의 빈집 은행(주로 지자체가 빈집 정보를 수집해 이주 희망자에게 인터넷 등을 통해 정보 제공 및 발신을 하는 방식 — 옮긴이)을 경유한 한 가족(7명), 블루리버의 주택에 살면서 이곳에 집을 꼭 짓고 싶다며 새로 집을 지은 세 가족(15명), 이들 합계 61명이 아오가 지구의 새로운 주민이 되었다. 2014년 아오가 초등학교의 재적생 18명 중 11명이 블루리버 주택에 정착한 가족의 아이들이라는 점에서 봤을 때 주택 정비의 주된 목적이었던 아동 수에 관한 성과도 분명히 나타나고 있다. 사실상 주택의 어린이들은 초등학교 입학 전인 경우도 있어 당분간은 매년 3~4명의 입학 예정자가 대기하고 있다고 볼 수 있다.

입주자 14세대 중 2세대가 U턴을 한 사람들인데, 그 외에는 이른바 I턴이라 불리는 이주자이며 대부분이 히로시마현 내의 다른 지역에서 이주해 왔다. 어느 여성 이주자는 "작은 규모의 초등학교에 아이를 보내고 싶었다. 아오가 지역은 아이를 키우는 환경이 잘 조성되어 있어 아주 마음에 든다"라고 했다. 이러한 I턴은 그 지역 출신의 U턴 지향을 자극하고 있으며 앞의 2세대(블루리버 주택의 이용 세대) 외에 7세대의 U턴이 단기적으로 생겨났다.

• 3개의 방과 거실(Living Room), 식당(Dining Room), 부엌(Kitchen)이 함께 있는 공간으로 이루어진 집 — 옮긴이.

블루리버는 이외에도 태양열 발전 사업에 약 1500만 엔을 투자했다. 이는 임대하고 있는 리모델링 주택을 보수공사할 때 입주자의 부담 없이 비용을 안정적으로 확보하는 것이 목적이다.

또 이 빈집 리모델링은 다음과 같은 흥미로운 경위가 있다. 5장에서 서술하겠지만 일반적으로 빈집은 유동화율이 낮으며 이것이 도시에서 농산촌으로 이주하는 데 걸림돌이 된다. 그러나 블루리버가 단기간에 빈집 세 채를 확보할 수 있었던 것은 빈집을 둘러싼 집주인들의 요구에 다음과 같이 구체적으로 대처했기 때문이다('회사'는 블루리버).

· 집 안에 불단과 같은 물건이 있다 → 정리와 보관은 회사가 담당한다
· 성묘를 하기 위해 귀성할 경우 곤란하다 → 커뮤니티 센터에서 숙박할 것을 제안한다
· 소유자는 집을 빌려줄 때 수리비를 지불할 필요가 있는데, 이를 부담하기 어렵다 → 수리는 회사가 담당하고 그 비용 또한 회사가 부담한다
· 모르는 이에게 집을 빌려주면 지역에 민폐를 끼치게 된다 → 회사를 통해 이주자에게 임대한다

이러한 대응책으로 소유자를 설득해 빈집을 빌렸다. 또 수리는 구성원들이 시간을 내 자원봉사로 하고 있다. 또 블루리버의 이러한 실천은 5장에서 살펴볼 도시 주민의 농산촌 이주 과제인 빈집

유동화를 실현하는 데 중요한 시사점을 제공한다.

아오가 지구에서는 이렇게 주민의 지역 만들기 연장선으로 행정을 대신해 이주자를 위한 주택 정비를 하는 조직이 생겨나 활동하고 있다. 다시금 지역 만들기의 적극성, 혁신성을 확인할 수 있다.

진흥회 회장, 블루리버 전무로 이 활동을 주도해온 이와사키 쓰모루岩崎積 씨는 활동을 다음과 같이 회상하고 전망했다.

우리가 이러한 활동을 할 수 있었던 것은 좋은 구성원들 덕분이라고 생각한다. 직업도 세대도 다양한 우리는 각각 다른 힘을 발휘했다. 또 다 함께 즐긴 것도 활동을 계속할 수 있었던 이유일 것이다. 이와 동시에 초등학교가 없어진다는 지역의 위기감을 모두가 공유해 '그렇게는 놔두지 않겠다'는 의지가 지역 전체로 파급된 것이 가장 큰 요인이다. 이제부터 초등학교를 거점으로 한 지역 만들기를 더욱더 진전시키고자 한다. 그러기 위해서는 어린이 수가 적어진다 하더라도 초등학교를 유지할 수 있는 체계가 장래에는 필요하지 않을까?

새로운 '무라'의 창조: 오카야마현 쓰야마시 아바 지구

① 광역 통합의 주변 지역에서 새로운 '무라'로

오카야마현 최북동부, 돗토리현의 경계에 인접하고 있는 아바손阿波村은 남북으로 약 10킬로미터, 동서로 약 5킬로미터 규모로, 오카야마현의 가장 작은 무라村였다. 2005년의 인구는 711명, 행정 직원 수는 228명(정장 등 특별직과 초등학교 및 유치원 관계 직원 제외) 인 작은 지자체였으나, 1889년 정촌제町村制 시행 이래 한 번도 통합 되지 않고 115년간 지속된 역사를 가진 지자체였다. 그러나 이 무 라도 '헤이세이 대합병'이 한창이던 2005년, 다른 3정町과 함께 쓰 야마시津山市에 편입, 통합되었다.

구 아바손에서는 시정촌 통합 후에도 인구 감소가 진행되었고 2014년 5월에는 563명(230세대)으로까지 감소했다. 이는 합병 당 시와 비교하면 20%가 넘는 감소율이다. 그에 따라 지구 내 몇 군데 기관의 운영에도 변화가 생겼다. 지구 주민에게 충격을 준 것은 무 엇보다도 아바 초등학교의 폐교였다. 이 초등학교는 140년의 역사 를 지니고 있고 초등학교에 대한 주민들의 애착도 강했지만, 2014 년에 그 역사를 마감할 수밖에 없었다. 유치원도 그보다 1년 이른 2013년에 문을 닫았다. 농협은 지구 내에 영업소가 있지만 광역 농 협 한 곳으로 집중하는 합리화 정책으로 철수하게 되어 병설 주유 소도 2014년 5월에 문을 닫았다. 그리고 2015년에는 각 지소가 출 장소로 격하되었다.

시정촌 통합 후, 10년도 지나지 않은 상태에서 지구가 변모하기 시작하자 주민들이 일어섰다. 그것을 상징하는 것이 2014년 4월 '아바손 선언'이다. 전문을 인용하겠다.

② '무라'를 지탱하는 여러 조직

힘찬 이 선언은 '아바손 운영협의회'가 행한 것이다. 이 협의회는

아바손 선언(2014년)

오카야마현 아바손은 헤이세이 대합병의 흐름 속에서 2005년(헤이세이 17년)에 쓰야마시와 합병해 115년간 지속되어온 '무라(村)'가 자취를 감추게 되었습니다. 그로부터 10년.

합병 당시 700명이던 인구는 570명으로까지 감소했고 140년의 역사를 자랑하던 초등학교의 폐교, 유치원의 휴원, 유일하게 있던 주유소의 폐업, 행정 지소도 규모 축소……, 역경에 이른 상태가 되었습니다.

그러나 이러한 상황에서 미래를 개척해나가려는 도전이 시작되었습니다. 지역 주민이 설립한 NPO는 주민들 간의 생활을 상호 지원하고 있으며, 환경을 배려한 자연 농법으로 쌀과 채소 재배에 도전하고 있습니다. 문을 닫았던 주유소는 주민 출자로 합동회사를 발족해 부활시킬 것입니다. 에너지의 지산지소(地山地消, 지역에서 생산된 농산물을 지역에서 소비하는 개념―옮긴이)를 목표로 지역의 간벌재를 연료로 한 온천 화목 보일러의 본격적인 가동도 시작했습니다.

이러한 활동 속에서 지역 주민만이 아니라 지역 외에서 온 협력자와 이주해 온 젊은이들로 마을 만들기 활동에 관계하는 사람들이 늘어나기 시작해 우리는 스스로의 힘으로 새로운 마을을 만들 것을 결의하게 되었습니다.

우리는 '아바손'을 선언하고자 합니다.

지자체로서의 마을은 사라지고 새로운 자치의 형태로 바뀌었지만 마음의 고향으로서의 '아바손'은 계속 남아 있을 것입니다.

주변은 산뿐이고 입구는 하나밖에 없는 '아바손'은 불편하고 아무것도 없는 곳일지도 모릅니다. 그러나 '아바손'에는 인간답게 살아가기 위한 소중한 것들이 많이 있습니다. 이 아바손의 자연과 살아 숨 쉬는 생활을 많은 분과 공유하고 계속 지켜나갈 것을, 그리고 자손들에게 이 마을에서의 생활과 풍경을 계승할 것을 결의하고 선언합니다.

합병으로부터 10년, 새로운 마을로 시작합니다.

2010년부터 지역 만들기를 지향했으며 행정(지역 진흥부 협동 추진실)이 앞장서고 지구 내 여러 단체의 참가로 결성되었다(당시 명칭은 '에코 빌리지 아바 추진 협의회'). 그 후 초등학교와 농협이 있던 자리의 활용 방안을 검토하는 과정에서 실질적으로 주민을 중심으로 하는 조직이 되었다. 거기에서 주민에게 공유된 것은 '언제까지나 이곳에서 살 수 있는 무라로 만드는 것'이며 이를 위해 '아바손 운영협의회'의 명칭도 일부러 바꾸었다.

아바손 운영협의회는 기존 조직과 신설 조직이 마치 '아바손'의 '부部'와 같이 활동하도록 자리매김하고 있어, 여러 가지 조직과 법인이 협동하는 체계를 만들어내는 새로운 지역 만들기로서 주목받았다(〈표 3-2〉).

각 '부'를 담당하는 조직과 법인을 소개해두겠다.

• 일반 사단법인 아바 그린공사

'농림사업부'와 '교류 및 발신부'를 담당하고 있다. 1999년에 합병 전의 아바손과 농협, 삼림조합이 만든 제3섹터이다.

설립 당시에는 농업만이 아니라 관광, 복지도 포함한 종합적인 사업을 수행했지만, 합병 후에는 농업 관계 사업으로 특화했다. 그러나 2014년도부터 다시 아바 온천 교류관의 관리와 운영을 시로부터 위탁받았다. 이에 따라 공사는 농지를 보전하고 특산물의 농산 가공을 하는 지역 농업 서포트 주체이자 교류관을 중심으로 하는 도시·농촌 교류 사업의 주체로서 활동하고 있다. 현재 직원 수

표 3-2 아바손 운영협의회 조직도

부서명	사업 내용	주 담당	구성원 및 구성 단체
총무부	· 총무 및 인사, 방재 및 방범 · 행사를 전 지구에서 실시(실행위원회 조직) · 어린이들을 위한 공간 만들기	연합 정내회 아바 지부	· 연합 정내회 아바 지부 · 연합 여성부 · 어린이회 및 노인 클럽 외 · 쓰야마시 아바 지소(배석자)
환경복지부	· 환경 술선 행동(환경 학습, 쓰레기 감량 및 자원화) · 유기농 무농약 농법의 실천과 확대 · 상부상조, 과소 지역 유상 수송, 제설 지원	NPO 에코 빌리지 아바	· NPO 에코 빌리지 아바 · 사회복지협의회 아바 보건 복지 센터 · 실버 인재 센터 · 아바 자원봉사자 모임 · 아바 소비자 모임
농림사업부	· 농지의 보전, 집약화 · 농산 가공품 제조, 판매 · 유기농 무농약 농법의 실천, 확대 · 농림 자원 활용	아바 그린공사	· 아바 그린공사 · 자가공 그룹 · 합동 회사 아바손 · 쓰야마시 신산업창출과 · 쓰야마시 농업진흥과(배석자)
에너지사업부	· JA(농업협동조합) 철거지의 활용(주유소 운영, 연매) · 나무 조각장 사업(산림 바이오매스 활용 프로젝트) · 재생 가능 에너지의 도입 · 체험 기능 주택 관리	합동 회사 아바손	· 합동 회사 아바손 · 아바 그린공사 · 쓰야마시 산림과(배석자)
교류 및 발신부	· 그린 투어리즘 사업의 전개 · 각종 교류 이벤트의 개최 · 아바손 선언 등의 보급과 계발	아바 그린공사 (운전 교류관)	· 아바 그린공사 · 아바 펜클럽 · 아바 관광회

아바손 운영협의회

사무국
쓰야마시
협동 추진실
아바 지소

자료: 쓰야마시 자료를 일부 개편했다.

는 아르바이트를 포함해 28명에 달하며 지구 내의 고용 창출에도 기여하고 있다.

• NPO 법인 에코 빌리지 아바

2011년에 만든 아바 지구阿波地區의 '에코 빌리지 아바 구상'을 실천하기 위해 설립된 NPO 법인이다. 아바 마을에서는 '환경복지부'를 담당하며, 오리를 논에 푸는 방식인 유기농·무농약 '오리 농법'으로 재배한 쌀 판매와 과소 지역의 유상 수송 사업을 인가받아 고령자 운송 서비스 및 제설 지원도 하고 있다.

• 합동회사 아바손

2014년 2월에 주민 출자로 설립한 합동회사이다. 주민은 한 사람당 1000엔부터 출자 가능하고, 1인당 출자액은 최소 1000엔에서 최대 30만 엔까지로 분포되어 있으며 합계 160명, 총액 약 200만 엔의 출자액을 확보했다. 2006년의 법인 제도 개혁으로 도입된 '합동회사Limited Liability Company: LCC'를 법인 격으로 선택한 것은 고치현의 주민 출자 회사를 선행 사례로 참고했다고 한다.

이 법인은 무라에서 '에너지사업부'를 담당하는데, 법인 이름처럼 폭넓은 활동을 한다.

주요 사업에는 두 가지가 있다. 하나는 주유소와 일용품점 운영이다. 이것은 앞에서 서술한 농협 영업소의 철수에 직면해 대중교통이 충분히 발달되지 않은 지역에 없어서는 안 되는 기름과 일용

합동회사 아바손이 경영하는 주유소와 점포

품 공급이 중단되는 것을 우려해 시작되었다. 이 시설(주유소와 사무소)은 농협 영업소의 점포를 무상으로 양도받아 2014년 6월부터 이 회사가

경영하고 있다. 주유소는 기름 외에 등유를, 점포는 식료품과 잡화 등 일용품을 비롯한 농업 자재와 의류를 판매하고 있다.

또 하나는 간벌재를 이용하는 새로운 시도이다. '나무 정거장 프로젝트'의 '정거장'으로서의 역할인데, 이에 관해서는 '나무 정거장 프로젝트: 에너지의 지산지소'에서 서술하도록 하겠다. 이 두 사업을 위해 2명이 고용되고 3명이 자원봉사자로 활동하고 있다.

• 연합 정내회

지구 내 정내회町內會 8곳의 연합 조직이며 '아바손 운영협의회'의 총무부를 담당하고 있다. 또 협의회는 합동회사 아바손과 함께 이전의 농협 사무소에 들어가 활동 거점과 주민 교류의 장을 형성했다.

③ 나무 정거장 프로젝트: 에너지의 지산지소

앞에서 설명했듯 아바 지구에서는 지구 내에 활동하는 조직이 연계해 지역 만들기를 추진하고 있다. 특히 에너지의 지산지소地山地消를 중시했는데, 이것은 인접한 돗토리현 지즈정의 '나무 정거장 프로젝트' 시책에 영향을 받아 지구 내의 94%를 점하는 산림자원을 활용하기 위한 도전으로 시작되었다.

이 프로젝트는 산림자원의 유효 이용을 위한 나카지마 겐조中嶋健造 씨의 '도사土佐(고치현의 옛 이름) 숲 구조대' 활동을 일반화한 것으로, 한마디로 말하자면 산림 간벌 시 버려지는 임지 잔재林地殘材 운반, 수집, 판매에 지역 통화를 도입한 시책이다.*

미이용 자원인 간벌재를 트럭 등을 이용해 특정 장소(역)에 모아 두면서 '나무 정거장'이라 부르게 되었고 그 매상이 '용돈' 정도 또는 그 이상인 것을 두고 'C재(건설용으로도, 합판용으로도 적합하지 않은 것)로 저녁에 한잔을'이라는 슬로건을 제창했다. 산촌에서의 새로운 임업, 새로운 지역 자원 이용, 새로운 경제순환 체제라는 다양한 관점으로 주목을 받았으며, 2014년을 기준으로 24부현 45지역에서 시행하고 있다.

아바손에서는 2012년부터 실증 실험을 시작했다. 임업자가 집적하는 곳(나무 정거장)까지 간벌재를 반입해 1톤당 5000엔 상당의 지역 통화와 교환한다. 간벌재는 전용 기계를 이용해 칩 상태로 파쇄한 다음 바이오매스 연료로 만들어 아바 온천의 보일러용으로

---

* 佐藤宣子·興梠克久·家中茂, 『林業新時代』(農山漁村文化協會, 2014).

판매하고 있다. 아바 온천은 연간 300톤의 칩을 필요로 하는데, 이 실험으로 한 달 동안 연간 필요량의 약 5분의 1 정도를 산림으로부터 공급받아 중유를 대체할 수 있다는 것을 알게 되었다. 그래서 2014년부터 본격 가동하여 합동회사 아바손이 이를 실천하는 데 앞장서고 있다.

현재는 간벌재에 대한 대가로 지역 통화와 함께 지역의 상점가 상품권도 병용해 사용하고 있다. 종래에는 이용하지 않았던 간벌재가 가치를 생성해내고 에너지와 그 대가가 지역 내에서 순환하는 시스템을 구축했다. 더욱이 간벌재를 받아들이기 위해 아바손에 고용도 창출되었다. 앞에서 지역 만들기의 주축 중 하나로 '금전과 그 순환 구축'을 들었는데 그것을 실현한 것이다.

이러한 체계를 구축하는 데는 행정이 적극적으로 관여했다. 간벌재를 분쇄 처리하는 기계는 시가 구입해 합동회사 아바손에 대여했고 아바 그린공사가 운영하는 아바 온천의 지정 관리 조건 중에 '간벌재 칩을 연료로 우선 이용할 것'이라는 내용을 포함해 에너지 지산지소를 지원하고 있다. 또 이 구상 전체에 시의 지역진흥부 협동추진실이 주변부 대책의 일환으로서 행정과의 연락을 위해 지역에 적극적으로 관여하는 체제도 구축되었다.

이러한 시책이 본격적으로 시작되면서 함께 활동해온 주민들 스스로도 '아직 이 마을은 가능성을 지니고 있다'고 재인식하게 되었다. 동시에 아바손 홈페이지를 통한 외부로의 발신은 이 마을의 팬을 만들어냈다. 그 한 사람으로 시마네 대학의 학생이 있다. 그는 대학을 2년간 휴학하고 아바손의 홍보를 담당하며 재미난 발상으로 홈페이지 운영을 하고 있으며, 지구 내외로 높은 정보 발신력을 보여 주목받고 있다. 이 밖에도 이주자들이 들어와 2012년 이후로 7세대 16명에 달했다고 한다.

3. 왜 주고쿠 산지인가?: 사례가 의미하는 바

공동화의 선두주자

이번 장에서 언급한 사례들은 모두 주고쿠 산지(히로시마현 미요시시, 오카야마현 쓰야마시)와 그 주변 지역(야마구치현 야마구치시)에 관한 것이다. 2장에서 비교적 상세히 소개했던 돗토리현 지즈정도 주고쿠 산지에 있다(주고쿠 산지에 있는 시마네현의 사례는 5장에서 소개하고자 한다). 물론 지역 만들기 실천이 주고쿠 산지에만 존재하는 것은 아니다. 그러나 여러 가지 시책들이 이 지역에서 먼저 발생하여 지금까지 살펴본 것처럼 인상 깊은 형태로 발전한 것은 틀림없다.

실제로 글로벌화된 환경에서 진행되는 '금전 자본주의'에 대항하는 또 다른 상을 제시해 다방면에서 화제가 되고 있는 모타니 고스케藻谷浩介 씨가 논하는 '사토야마 자본주의里山資本主義'도 주고쿠 산지를 주요 무대로 하고 있다.˚ 여기에서는 바이오매스 에너지 이용, 새로운 농산물 가공 시책 등을 소개하며 "일본에서 손꼽히는 과소

지, 주고쿠 산지는 21세기의 과제 해결책을 세계에 제시할 선두주자가 될 잠재력이 있다"라고 논했다.

왜 그런 것일까? 이를 밝히기 위해 주고쿠 산지가 '일본에서 손꼽히는 과소 지역', 즉 '공동화의 선두주자'가 된 요인에 먼저 주목하고자 한다. 이와 관련해 다음의 세 가지 배경과 요인, ① 도시와의 근접성, ② 소규모 마을 및 마을의 분산성, ③ 농업의 영세성을 지적할 수 있다.

고도 경제성장기에 도시와의 근접성을 위해서 진전된 공업 부문의 노동력 흡수는 주고쿠 산지의 바로 눈앞에서 일어났다. 특히 산요山陽 지방의 농산촌에서는 근접성을 이유로 세토나이瀨戶內 임해 공업지대를 향해 사람들이 계속해서 마을을 떠나갔다. 이는 주고쿠 산지의 지형 조건과 관련이 없지 않다. 이전부터 "시마자키 도손島崎藤村이 「동트기 전夜明け前」에서 '기소지木曾路는 깊은 산속에 있다'고 쓴 것처럼 깊숙하지만 고립감은 좀처럼 없다. 주고쿠 산지의 생활은 열악하다"라고 했는데,[•] 이것은 지역적 특징의 하나였다.

또 '소규모 마을 및 마을의 분산성'에 관해서는 다소 우회적인 설명일지도 모르나, 주고쿠 산지에서 근세부터 발달한 '다타라 제철たたら製鐵'과 관련 있다고 볼 수 있다. 잘 알려진 것처럼 일본의 철 생산은 19세기 말까지 대부분이 주고쿠 지방에서 생산되었으며 그것

• 藻谷浩介·NHK廣島取材班, 『里山資本主義』(角川書店, 2013).
• 中國新聞社編, 『中國山地(上)』(未來社, 1967).

은 사철砂鐵을 용해하여 제철하는 '다타라' 방식이었다. 에도 시대에는 많든 적든 주고쿠 지방 대부분의 장소에서 철을 생산했으며, "에도 시대의 번영은 주고쿠 지방에서 생산된 철에서 비롯된 부분이 크다"라고까지 전해진다.*

이 제철법을 이용하기 위해서는 '양질의 사철을 공급하는 화강암성 토질'과 '사철을 용해 및 환원하기 위해 필요한 목탄의 대량 생산이 가능한 산지의 확대'라는 두 가지 조건이 필요한데 주고쿠 산지가 매우 적합한 지역이었다. 그리고 이 다타라 제철은 제철업만이 아니라 대장일, 임업, 목탄 생산, 수송업, 수송업을 위한 말 사육업 등의 관련 산업으로까지 확대되는 것이 특징이었다. 즉, 다타라 제철법으로 많은 관련 산업이 주고쿠 산지에 입지했고 완만한 지형의 산골짜기 깊숙이 마을을 형성했다. 다타라 제철 자체는 그 후 서양식 제철로 대체되어 다이쇼大正 말기에는 소멸했지만(전쟁 시기에는 일시적으로 부활) 개척된 마을은 잔존하며, 지금도 소규모로 분산형 마을 구조를 유지하고 있다.

실제로 이것은 '농업의 영세성'과도 관련된다. 일반적으로 일본 산간부에서는 고도 경제성장이 시작되기 전부터 겸업농가가 많아 자영업을 겸하는 경우가 상당히 높은 비율을 차지했다. 예를 들면 '농업+땔나무와 숯+버섯 채집+용재 반출+가공업+그 외'와 같이

---

* 有岡利幸, 『里山(I)』(法政大學出版局, 2004).

평지 논 지대平地水田地帶와는 비교되지 않을 정도로 다양한 돈벌이와 자급으로 생계를 유지했다. 그 형태는 겸업화라고 하기보다는 오히려 '다업형 경제'라고 할 수 있다.

특히 주고쿠 산지에 들어맞는 다타라 제철이 발달하면서 산속 깊은 곳까지 거주지 개발이 진행된 이 지역에서는 지역 자원에 기반을 둔 여러 가지 산업이 일찍부터 전개되었다. 따라서 당시의 실태로는 영세 농업만 현저했다고는 해도 결코 지역 전체가 궁핍했다고는 볼 수 없다.

한 가지 예로 시마네현 구舊 요코타정橫田町(현재 오쿠이즈모정)의 실태가 소개되었다.* 구 요코타정은 목재 자원을 활용한 주판 생산지로 지금까지 이어져 오고 있는데, 생산 확대 과정에 있던 1915년의 정町 전체의 농외 수익원의 실태를 보면 철(다타라 제철), 주판, 누에고치, 청주(양조업), 판재, 생사生絲 순으로 높았고 주판은 농업 수익의 배였다고 한다.

그러나 이러한 모습은 전후 급속하게 변화했으며, 땔나무와 숯에서 화석 에너지로 전환된 연료 혁명, 목재 수입 자유화(1964년부터 완전 자유화)가 결정적인 요소가 되었다. 다른 다양한 지역 산업이 일제히 쇠퇴한 결과 '다업형 경제'의 한 가지 요소, 더구나 본래 결코 큰 비율을 나타내지 않았던 농업 섹터만이 남게 되었다. 주고

---

* 松尾陽吉, 「雲州そろばん」, 地方史研究協議會編, 『日本産業史大系7: 中國四國地方編』(東京大學出版會, 1960).

쿠 산지의 경우에는 이 다업화가 특히나 진전되어 영세한 농업이 이 시기 이후에 드러났다고 할 수 있다.

이렇게 남은 영세한 농업만으로는 가족을 부양하고 자리를 잡고 사는 것이 불가능했다. 그때 고도 경제성장에 따라 세토나이의 임해 공업지대를 중심으로 왕성한 노동력 수요가 생겨났다. 이농과 이촌은 눈사태처럼 시작되었다. 이렇게 하여 주고쿠 산지는 1장에서 논한 사람과 토지, 마을의 세 가지 공동화의 선두주자 혹은 해체의 경계선이 된 것이다.

재생의 경계로

그러나 '해체의 경계선'은 지금 '재생의 경계선'이다. 그것은 일찍이 문제를 경험했기 때문에 빨리 문제 대응을 의식하고 실천하기 시작했다는 것에서 연유한다. 지역경제학 전공으로 주고쿠 산지를 조사 지역으로 삼고 있는 마쓰나가 게이코松永桂子 씨는 이를 '창조적 지역사회'라 논하고 있으며,* 앞에서 언급한 모타니 씨는 '사토야마 자본주의'라고 부른다.

그것은 얼핏 보면 작용과 반작용의 관계처럼 보이지만 반작용은 자동적으로 생겨난 것이 아니다. 지역 주민과 지역 행정 등의 끊임없는 노력과 지혜의 축적에 기인하는 것이었다. '해체의 경계선'을

---

* 松永桂子, 『創造的地域社會』(新評論, 2012).

생성한 세 가지 조건(이 모든 특성은 급격한 고도 경제성장에 따라 주고
쿠 산지에서는 모두 불리한 조건으로 작용했다)을 냉정히 분석하여 그
것을 역으로 이용하는 전략으로 시작되었다. 와다 요시하루和田芳治
씨(히로시마현 구 소료정總領町, 현 쇼바라시)와 안도 슈지安藤周治 씨(히
로시마현 구 사쿠기촌作木村, 현 미요시시)를 중심으로 하는 '과소를 역
으로 이용하는 모임'이 '과소는 매력 있는 가능성이라고 믿는 것' 등
의 슬로건을 내걸고 발족한 것이 1982년인데, 그때부터 지역은 이
를 의식했던 것이다.

구체적으로 앞의 세 가지 조건 중 '농업의 영세성'의 배경에는 오
래전부터 다타라 제철과 그 관련 산업을 시작으로 하는 지역 자원
에 뿌리내린 다양한 산업이 조합된 '다업형 경제'가 존재했다. 이
'다업형 경제'의 붕괴로 드러난 농업의 영세성이 문제의 근원이라
고 한다면, 요구되는 것은 이 '다업형 경제'를 현대적으로 재창조하
는 것이며, 그것을 다른 언어로 표현하면 '6차 산업'이다. 이는 이번
장의 모든 사례에서 중요시된다. 또 지즈정과 아바손에서 행하고
있는 나무 정거장 프로젝트도 이전의 땔나무와 숯 등 산림이 생성
하는 경제를 재생하는 바로 그것이다.

또 고도성장기에 불리한 조건으로 작용한 '도시와의 근접성'은
다른 면에서 보면 농림산물의 소비지와의 근접성이며, 더욱 많은
도시·농촌 교류가 가능한 조건이다. 고도성장기에는 젊은 노동력
을 도시로 유인했던 조건이 지금은 거꾸로 도시와의 교류를 불러
일으키는 조건으로 활용할 수 있다. 2장에서 도시·농촌 교류는 향

후의 전략적인 활동이라고 했는데, 그 조건이 주고쿠 산지에는 처음부터 구비되어 있었다고 해도 좋을 것이다.

'마을의 소규모와 분산성'은 사회 전체에서 생산과 유통, 소비의 대규격화가 진행되는 시류에 맞춰 주고쿠 산지에서 '규모의 경제성'을 추구하려고 해도 조건에 맞지 않는다는 조건 불리성을 나타낸 것이었다. 그러나 지역 만들기는 어떤 형태로든 커뮤니티를 기본으로 하며, 소규모일 경우 더욱 모이기 쉽다는 장점이 있다. 예를 들면 아오가 자치진흥회는 미요시시에서 가장 작은 주민자치 조직이고, 아바손은 인구 10만 명이 넘는 쓰야마시 안의 인구 560명의 합병 마을이다. 또 순환형 사회의 실현을 지향한다면 지역마다 다채로운 자원을 활용한 순환권을 주민 스스로가 설계 및 운영하는 것이 필요하다. 그러한 점에서 소규모성과 분산성은 더 이상 단점이 아니다. 향후 마을 만들기는 '작으면 안 된다'는 이전의 상황이 '작더라도 좋다'는 사고방식을 매개 삼아 순환형 사회로 변화하는 것을 과제로 한다. 이는 '작기 때문에 좋다'는 관계로 전환될 가능성을 내포한다.

시정촌 합병과 주고쿠 산지

마지막으로 '헤이세이 대합병'이 주고쿠 산지의 지역 만들기에 끼친 영향에 관해서 소개하고자 한다. 정부는 1999년에 개정된 시정촌 합병 특례법에 근거해 합병시에 특별 지방채를 발행할 수 있는 합병 특례채를 비롯한 넉넉한 재정이라는 '당근'과 소규모 시정

표 3-3 '헤이세이 대합병' 전후로 본 지역별 시정촌 수

	1990년 3월 말	2006년 3월 말	감소율
홋카이도	212	180	15.1
도호쿠	400	232	42.0
간토·도산	637	427	33.0
호쿠리쿠	223	86	61.4
도카이	330	177	46.4
긴키	326	207	36.5
주고쿠	318	114	64.2
시코쿠	216	96	55.6
규슈·오키나와	570	302	47.0
전국	3,232	1,821	43.7

주: 도산은 나가노현과 야마나시현을 가리킨다.
자료: 총무성 합병 관계 자료를 참고해 작성했다.

촌에 대한 재정적 압박이라는 '채찍'으로 시정촌 합병을 강력하게 진행했다.

합병을 진행시킨 총무성(2001년까지는 자치성)은 그것이 필요한 이유로 ① 지방분권의 추진, ② 소자 고령화의 진전, ③ 광역적인 행정 수요의 증대, ④ 행정개혁의 추진 등 네 가지 사항을 열거했다. 모두 다 일본 전체의 과제이기는 하나 '소자 고령화의 진전'은 지역성을 지니고 있다.

이에 따라 고령화가 먼저 발생했던 주고쿠 산지는 정부가 시정촌 합병을 더욱 강력하게 진행하는 조건이 있었던 것이다. 그리고 실제로 그렇게 진행되었다. 〈표 3-3〉은 이를 나타낸 것이다. 시정촌 수의 감소율은 전국 평균 44%이지만, 주고쿠 지방의 수치는 64%로 가장 높다. 시정촌 수가 약 3분의 1로 준 것이다. 〈표 3-3〉에는 생략되어 있지만 현별로 보면 5개 현 중에서 4개 현(돗토리현 제외)의 감소율이 60%를 넘었으며(돗토리현도 전국 평균을 상회하는 51%), 높은 수준을 나타내는 것을 알 수 있다. '헤이세이 대합병'에 관해 정부의 행정개혁 대강(2000년 12월)에는 '시정촌 합병 후의 지자체 수는 1000을 목표로 한다'고 명시하고 있으며, 당시의 약 3200개의 시정촌 수를 3분의 1로 줄일 것을 시도했다. 주고쿠 지방은 바로 그 목표대로 진행되어 정부에서 보면 '우등생'이었던 것이다.

합병 추진 측에서 보면 '인구 유출에 따른 고령화가 빨리 진행된 주고쿠 산지에서는 소규모 시정촌에 의한 고령화에 대응하는 고도의 행정이 어렵기 때문에 시정촌 합병이 필요하다'고 설명했을 것이다. 그러나 말할 것도 없이 시정촌 합병이 바로 고령화 대책으로 이어지는 것은 아니다. 총무성의 설명은 '소자 고령화에 대응하는 서비스 제공, 전문 인력이 필요'하다는 것이었으나 이는 합병의 또 다른 목적인 행정개혁과 양립하지 않는다. 더욱이 시정촌 합병, 특히 도시부와 합병한 주변 구蕉 정촌의 주민으로부터는 "행정기관이 멀어졌다", "행정 직원이 지역에 오지 않게 되었다"라는 목소리를 종종 듣는다. 개인차가 크고 세세한 서비스가 필요한 고령자 대책 면에서는 합병했다고 해서 조건이 좋아진 것은 아니다.

이렇게 주고쿠 산지에서 진행되는 고령화는 지역의 공동화에 그치지 않고 시정촌 합병으로 이어져 많은 문제가 생겼으며, 그러한 점에서 볼 때 과제 선진 지역이었다. 그러나 그에 저항하는 움직임을 여기에서도 볼 수 있다. 대표적인 예가 이번 장에서 살펴본 히로

시마현 미요시시의 시책이다. 미요시시에서는 합병에 맞추어 새로운 시내 19개 구역을 설정하고 각 구역에 주민자치 조직을 설립할 것을 요구했다. 이 같은 대응은 야마구치현 야마구치시에서도 볼 수 있다.

이 두 가지 사례는 유사하다. 시정촌 합병 후에 주민자치 조직 설립을 시내 각지에 요청하고, 그 조직과 행정의 협동을 강조하는 조례를 만들었다(미요시시 '미요시시 마을의 꿈 기본 조례', 야마구치시 '야마구치시 협동 마을 만들기 조례'). 그리고 각 자치 조직은 독자적인 지역 계획을 작성하고(미요시시 '지역 마을 만들기 비전', 야마구치시 '지역 만들기 계획'), 시 교부금과 주민 회비로 그 계획을 주민 스스로 실천하고 있다.

이렇게 시정촌 합병 시 그것을 새로운 주민자치 만들기의 계기로 삼아 지역 커뮤니티 설립(또는 기존 자치 조직의 내실을 꾀함)과 지역 커뮤니티 및 행정과의 대응 촉진을 꾀하는 시도 역시 주고쿠 지방에서 활발히 이루어졌다. 이러한 조직은 '지역 자치 조직' 또는 '지역 운영 조직'이라 부르는데, 전국의 과소 지역에서 생겨난 분포를 나타낸 것이 〈그림 3-1〉이다. 이에 따르면 주고쿠 지방의 설립율은 월등하게 높은데 그 배경은 단연 시정촌 합병의 요인이 크다고 생각한다.

이러한 이유로 '헤이세이 대합병'을 긍정적으로만 평가할 수는 없다. 대합병의 영향으로 도시에 실질적으로 흡수합병된 주변 구舊 정촌에서는 부정적인 요소가 많이 나타났다. 예를 들면, 필자가 방

그림 3-1   시정촌 단위의 '지역 자치 조직' 설립 현황(2008년)

(단위: %)

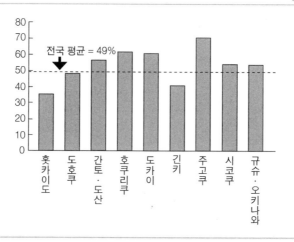

주: 1) 2008년 전체 과소 지역 지정 시정촌(730곳 시정촌)을 대상으로 이루어진 설문 조사이다.
  2) '지역 자치 조직'은 지방자치법과 조례 등에 규정된 것 외의 조직도 포함한다.
자료: 총무성 과소 대책실(総務省過疎対策室),『새로운 과소 대책을 향한 최근의 시책 동향 등에 관한 조사 연구 보
  고서(新たな過疎対策に向けた最近の施策動向等に関する調査研究報告書)』(2009)의 설문 결과 집계에 따른다.

문한 긴키近畿 지방의 광역 합병 지자체에서 주민을 인터뷰했을 때,
고령자 여성이 이러한 발언을 했다.

　지소에 가도 직원이 피하는 느낌이 든다. 합병 전에는 모두가 말을
걸어주었지만, 지금은 그런 분위기도 없다. 모두 아래만 쳐다보고 있
는 것 같다. 도대체 무슨 일인지…….

그것은 불안과 불만이 섞인 목소리였다. 지자체의 지소 직원에
게 물어보니 대략 다음과 같은 상황을 설명해주었다.

지소로 바뀐 행정기관의 직원은 과장급이라도 결재권이 없다. 지금은 시청에서 여러 가지 결재를 하고 있기 때문이다. 따라서 주민의 고민이나 불만을 지소에서 듣더라도 해결할 수 없는 경우도 있다. 그래서 처음부터 아예 상담받지 않으려고 지소를 방문하는 주민과 눈을 마주치지 않는 직원이 있을지도 모르겠다.

이러한 상황은 오히려 1장에서 논한 마을 쇠약화의 '임계점'에 방아쇠를 당기게 될지도 모른다. '역시 이 지역은 버려진 것일까'라는 의식이 주민들 사이에 생겨나도 이상하지 않기 때문이다. 즉, '헤이세이 대합병'은 '마을의 공동화'가 일부 지역에서 시작된 시기와 중복되어 농산촌으로서는 실제로 부작용이 생기기 가장 쉬운 시기에 실시되었을 가능성이 있다. 지역 자치 조직의 구축은 그러한 부작용을 가능한 한 적게 하고, 아무리 행정이 멀어졌더라도 가까운 주민자치의 기반을 만들고자 하는 움직임이기도 하다. 지금까지 논한 내용을 통해 그러한 움직임이 주고쿠 지방에서 진행된 배경과 그 의미에 관해 이해할 수 있을 것이다.

4장

지금 현장에 필요한 것은 무엇인가?

정책과 대책의 새로운 전개

1. 보조금에서 교부금, 보조인으로

지역 만들기와 정책 지원의 기본 방향

지금까지 보아왔듯이 농산촌의 지역 만들기는 어려움 속에서도 추진되어왔다. 결코 빠르다고는 할 수 없지만 확실히 확대되고 있다. 그렇기 때문에 지역 만들기 현장에서 그러한 움직임을 지지하고 더욱 넓혀가기 위한 지원책이 매우 중요해지고 있다.

또한 그러한 기본 방향은 지역 만들기의 본질적인 요소에서 도출되어야만 한다. 다시 말하자면, 앞서 분석한 '내발성', '종합성·다양성', '혁신성'의 측면에 초점을 두고 그것을 더욱 촉진하려는 노력이 필요하며, 이 각각에 관해 구체적으로 논해보고자 한다.

첫째로 '내발성'을 보자면, 행정의 관계 방식에 대해 근본적인 재검토가 필요하다. 그 이유는 행정이 '지도'해 내발력을 늘린다는 발상에는 자기모순이 있기 때문이다. 이 책의 머리말에서 본 「마스다 보고서」와 같이 위기감을 펼쳐 '내발성'으로 유도하려고 해도 그것은 지역 내의 '체념'을 증폭시킬 수 있는 가능성이 있고, 오히려 역효과가 될 것이다. 중요한 점은 무엇보다도 지역 주민이 당사자 의식('지역 만들기는 자신들의 문제이다'라는 의식)을 갖는 것에 대한 지원이다. 여기서 유효한 것은 2장에서도 다루었던 '지역 만들기 워크숍'(지방학)의 실천이고, 그 전개와 운영에 대한 지원이 필요하다. 이것을 지역 만들기 지원의 요건으로 삼는 것도 생각해볼 수 있다.

둘째로 '종합성·다양성'은 지원책의 유연성을 높이는 것이 중요하다. '종합성'은 행정에서 흔히 볼 수 있는 '종적 관계' 때문에 그 지원이 단 하나의 행정 영역만을 포함시키는 상황을 넘어서야만 한다. 예를 들면, 경제적 측면만이 아니라 복지, 환경, 교육 등에 이르기까지의 종합적 지원이 지역 만들기에서는 반드시 필요하다. 또한 '다양성'은 지원 메뉴 자체가 다양해야 하고, 특히 자금 면에서는 사용 시 높은 자유도가 확보되어야 할 필요가 있다.

셋째로 '혁신성'은, 원래 지역 만들기에는 이와 같은 요소가 갖추어져 있음을 이해하는 것이 중요하다. 지역 만들기에서는 지역 내에 새로운 시스템을 형성할 필요성이 생기기도 한다. 그러나 옛 시스템을 변혁해 창조하는 데는 상당한 노력과 시간이 걸리고, 짧은 시일 내에 가능하지도 않다. 그것을 행정상의 '통치'와 '지도'로 실현할 수 있다고 보는 것은 지나친 착각이다. 즉, 이 '혁신성'을 하나의 특징으로 하는 농산촌의 지역 만들기는 단년에 달성되는 과제가 아니라, 지원 프로세스가 장기간(복수년)에 걸쳐 이루어지는 것이라는 이해를 전제로 한 대처가 필요하다.

이와 같이 지역이 '내발성', '종합성·다양성', '혁신성'을 높이기 위해서는 종래와는 다른 정책과 그를 위한 관점이 요구된다.

돗토리현의 혁신적 정책

이와 같은 지원의 실천은 국가 수준이 아닌 지자체에서 시작되었다. 특히 그것을 의식적으로 도입한 것은 돗토리현에서 실시된 중산간 지역 활성화 추진 교부금中山間地域活性化推進交付金(2001~2016년도, 최종 채택은 2004년도)이라고 할 수 있다. 이 교부금은 현재 '시정촌 교부금市町村交付金'으로 재편되어 새로운 전개를 보여주고 있는데 종래의 것도 지역 만들기에 대한 지원책으로서 특징적이고 체계적인 내용을 지니고 있다. 이에 대해서는 "원점으로서의 지즈정 '제로분의 일 운동'"(144쪽)에서 상세히 설명하기로 한다.

이 사업은 '지역이 스스로 여러 문제를 해결하면서 한층 더 활성화를 꾀함'을 목적으로 하는 교부금이다. 해당이 되는 지역은 현 내의 과소법過疎法, 벽지법邊地法, 산촌진흥법山村振興法, 특정농산촌법特定農山村法의 대상 시정촌(2001년 당시 시정촌 39개 단체 중 32개 시정촌) 내의 취락 등(복수 취락 지역과 상점가를 포함)이었다. 신청하려는 지역은 지역 만들기 계획을 세우고, 그것이 채택되면 현이 3년간 500만~

2000만 엔의 교부금을 시정촌에 지급하는데, 여기에 동일한 액수의 시정촌 부담금을 합쳐 총액 1000만~4000만 엔의 보조금이 취락 등지로 지출된다. 요컨대, 취락 등을 대상으로 3년간에 걸쳐서 현이 2분의 1, 시정촌이 2분의 1을 부담하는 총액 4000만 엔 상한의 교부금인 것이다.

지원액에서 보이는 금액의 규모 자체가 하나의 특징이기도 하지만 더욱 특이한 점은 이하의 네 가지 지원 내용에 있다.

① 교부금의 사용은 소프트웨어 사업과 하드웨어 사업 양쪽 모두에 제한이 없다.
② 지역은 교부금의 3년간 연도 배분을 사업 중에 변경할 수 있다.
③ 사업의 신청 요건은 그 지역에서 '워크숍 같은 행사를 실시하는 것'이면 된다.
④ 채택 심사는 지역 주민의 프레젠테이션에 관해 현 직원(당시의 현 청기획부자립촉진과 또는 지부 기관인 현민국)에 의한 채점 방식으로 한다.

① 은 지역 만들기를 시작하는 지역이 교부금을 정말로 필요한 곳에 사용할 수 있도록 고안한 제도이다. 현실적으로 교부 대상에 해당하는 지역에서는 〈표 4-1〉에 나타낸 것과 같이 '폐교(초등학교)를 활용한 식문화 전승관 정비', '교류 센터 정비'와 같은 하드웨어 사업에서부터 '취락의 배리어프리화',* '홈페이지 작성', '특산품 개

표 4-1 돗토리현 중산간 지역 활성화 추진 교부금의 활용 사례

시정촌 (당시)	계획 만들기 경위	주요 사업 내용
미사사정 (三朝町) A 지구	댐 건설 중지로 주민 스스로가 처음으로 지역 만들기에 착수. 주변 취락을 조금이라도 쫓아갈 수 있도록 마을의 재생 계획 착수	취락의 배리어프리화 추진(난간, 경사면 등). 컴퓨터로 정보 발신 등 교류 센터 정비
핫토정 (八東町) B 지구	교류 사업 추진을 위한 주민 설문 조사. 한 가정에 1명이 아닌 가능한 한 모든 주민이 참여한 마을 총회에 의한 계획 작성	국내 교류 추진을 위한 홈페이지 작성과 홈스테이 마을 만들기, 특산품 만들기. 교류 시설 정비
니치난정 (日南町) C 지구	역전(驛前) 개발, 지진에 의한 관청 등 주요 시설이 무너져 내렸기 때문에 마을 만들기에 대해 전 세대를 대상으로 설문 조사. 활성화 검토 위원회를 결성해 계획 작성	후루사토 축제(역전 진흥 행사) 개최, 지역 경관 자원 보전을 위한 활동. 역전 커뮤니티 센터 정비
히노정 (日野町) D 지구	학교 통폐합으로 공공시설이 폐쇄되어 지역 진흥책에 관해 전 세대 대상 설문 조사 실시. 지역 진흥 위원회를 조직	폐교(초등학교)를 활용한 전통적인 농촌 식문화 전승과 식문화 전승관의 정비. 활동회지 발간
시카노정 (鹿野町) E 지구	1996년부터 주민 주체로 주택, 도로, 수로 등의 마을 경관 환경 정비에 돌입. 지역에 주민 활동 클럽이 발족되어 활성화 집단으로서 사업 책정	전통 공예, 기술(시카노 초롱불, 쪽 염색)의 전승 활동, 전통적 건축의 개장 정비 활용(쪽 염색관, 독일식 카페). 특산품 개발 촉진

주: 2001년도에 채택된 14개 사례 중 5개 사례를 추려 정리했다.
자료: 돗토리현 문서에서 발췌했다.

발 촉진', '활동 소식지 발행' 등의 소프트웨어 사업에 이르기까지 상당히 다양한 계획과 사업 내용을 제안해 실행하고 있다.

그리고 ②는 지역 만들기가 이른바 '생물체'로 상세히 계획된 것

• barrier-free化, 장애인이나 고령자들의 이동을 위해 물리적 장벽을 없애는 것 ─옮긴이.

일지라도 오히려 애초의 계획에서 변경되거나 하는 것은 당연하다는 인식에 바탕을 둔다. 이와 같은 탄력성을 제도적으로도 확보하기 위해서 현은 형식적인 사업 주체인 시정촌에 책무 부담 행위를 설정했다. 이는 현이 시정촌에 대해 연도를 넘은 총 교부금액 확보를 약속한다는, 행정으로서는 이례적인 제도를 도입한 것이다. 마찬가지로 계획은 변경되어도 괜찮다는 이유에서 신청 시에 지역이 제출한 사업 계획서는 극히 간단한 형식으로 되어 있다.

③은 어떤 지역이라도 워크숍(지방학)과 같은 장場에서 지역 주민의 진심 어린 토론이 지역을 움직이는 데 가장 필요한 힘이라는 인식에 바탕을 둔다. 반대로 그것이 이루어지지 않으면, 아무리 화려한 계획서라 할지라도 지역 만들기는 헛수고로 돌아가고 만다. 이전의 보조 사업에서는 신청 단체(또는 신청자)와 그 자격 등으로 많은 요건이 붙었지만 그것도 최소화했다. 이는 지역의 합의 형성과 결부된 워크숍을 필수로 한다는 점과 함께 새로운 시도이다.

④의 사업 채택 심사회 방식은 최근에 들어 자주 등장하게 되었지만 당시에는 드문 일이었다. 심사 채점 기준도 독특하다. 기준에는 특히 지역의 합의 형성에 중점을 둔다고 되어 있다. 심사는 담당과의 직원 5명(시작 연도였던 2001년의 경우)의 채점에 따라 결정되었다. 한 사람당 25점 만점으로 이루어진 채점이지만 그 내용은 '참여도' 10점, '총의' 10점, '계속성' 5점으로 배점되었다. 사업 내용 그 자체(예를 들면, 공익성과 경제 효율성 등)는 심사 대상에 포함되지 않고, 강조하자면 '계속성'이 그에 해당하지만, 그 배점은 전체 항

목 중 가장 낮은 5점으로 설정되어 있다. 오히려 그 전제 조건인 주민의 '참여도', '총의'의 비중이 높다. 따라서 한 지역당 50분간에 걸친 심사(약 20분간의 프레젠테이션 발표+약 30분간의 질의응답)에서는 사업 내용에 관한 설명보다는 그 계획을 둘러싼 토론 등 지역에서의 합의 형성 과정에 관한 충분한 설명을 요청받고 심사 위원들도 그 점에 집중해 질의한다.

또한 ①과 ③에 관련해 더욱 주목받는 것이 바로 교부금 활용을 위해 사전에 워크숍을 수차례 열어 토론을 지속해온 취락일수록 사업 신청 규모가 작아진다는 점이다. 특히 하드웨어 사업으로서의 취락 센터(마을 회관) 등을 건설하고 개량하는 경우 합의 형성 과정에서 지역을 위해 정말로 필요한 시설과 기능이 무엇인지부터 주민 스스로 정리해간다. 상당수의 경우, 예를 들면 필요 이상으로 넓은 주방과 고기능 회의실 등과 같은 설비에 관해 자연스럽게 검토가 이루어지고, 최종적으로는 사업 총액이 적은 금액으로 줄어들게 된다는 것이다. 주민 합의를 중시하는 교부금 구조가 이와 같은 사용 여부의 실질화를 만들어내고 있는 셈이다. 종래의 보조금과는 다른 식으로 지역의 대응이 진전되고 있다는 것을 알 수 있는 부분이다. 그 결과 지출되는 교부금 총액은 처음의 예산 금액을 밑도는 수준이지만 현의 담당과는 이른바 '예산 줄이기'의 자세가 아니라 '쓰고 남은 금액'을 환영하고 있는 분위기이다. 이 점에서도 마찬가지로 종래와는 다른 발상이 보인다.

한편, 앞서 기술한 것과 같이 이 중산간 지역 활성화 추진 교부금은 현재 '시정촌 교부금'으로 재편된 상태이다. 이것은 현이 소규모의 장려 보조금(2006년도 처음 예산 요구에 있었던 38개 사업)을 통합해 일정한 산정 방식에 따라 시정촌에 배분하는 교부금이다. 말하자면 '현縣판 일괄 교부금'으로 중산간 지역 활성화 추진 교부금이 대상 지역을 넓혀(과소 지역 등에서 전 시정촌으로) 자유도를 더욱 높인 것으로 이해할 수 있겠다.

원점으로서의 지즈정 '제로분의 일 운동'

이와 같이 새로운 형태의 농산촌 지원책이 현 수준에서 생겨나기 전에도 돗토리현에서는 시정촌 수준에서의 도전이 있었다. 바로 이 책의 2장에서 상세히 다루었던 지즈정의 '제로분의 일 운동'이다.

'제로분의 일 운동'의 절차와 지원 내용은 다음과 같다. 먼저 이 활동에서 지역 활동으로 나아가려고 했던 취락은 '취락 진흥 협의회'를 설립해 전 주민이 회원으로 가입한다. 이 협회는 취락의 10년 후의 모습을 명시하고, 그 목표를 실현하기 위해 필요한 세 분야(주민자치, 지역 경영, 교류·정보)에 관해 실시 계획을 책정한다. 그리고 정町은 그와 같은 취락(취락 진흥 협의회)을 인정하고 사업 실시 기간 1~2년째는 50만 엔씩, 3~10년째는 25만 엔씩, 10년간 합계 300만 엔 정도를 소프트웨어 사업에 지원한다. 또한 전문적인 조언자를 초빙하거나 정의 직원 파견도 지원한다. 이와 같은 취락 지원과 함께 취락 주민에게는 1세대당 연간 5000엔 이상의 협의회비를 의

무로 해 대등한 책임을 정해놓고 있다. 또한 취락 간 상호 교류를 위해 활동 보고회가 정의 주최로 연 1회 개최되고, 활동하는 취락은 보고회 참가가 의무로 정해져 있다.

이와 같은 지원 방식은 다음 세 가지 면에서 앞서 본 '제로분의 일 운동'의 성격에 정확히 들어맞는다고 할 수 있다. 첫째는 이 지원책이 주체적으로 일어서려고 하는 지역을 대상으로 하고 있다는 점이다. 이른바 '손들기 방식' 혹은 '상향식 방식'이 적용되어 있고 취락의 주체성을 이용하고자 하는 시점이 분명하다. 둘째는 지원 사업 기간이 10년으로, 장기간에 걸쳐 지원이 이루어진다는 점이다. 취락 주민 입장에서는 이 기간 동안 지원이 약속되어 안심할 수 있는 동시에, 때로는 보조 사업에 대한 대응에서도 볼 수 있듯이 '단기간에 형태만이라도 무언가 만들어내지 않으면 안 된다'는 의식을 지닐 필요가 없게 된다. 여기에서는 '지역 만들기에는 성실함 그 자체가 중요하다'는 메시지가 강하게 내세워진다. 그리고 셋째는 소프트웨어 사업으로 한정되어 있긴 하지만, 이 자금의 용도에는 제약이 없다는 점이다. 이러한 높은 자유도로 정말 필요한 곳에 자금을 활용할 수 있다.

지원책 패키지에는 지역 만들기의 '내발성', '종합성·다양성', '혁신성'의 촉진이 포함되어 있다. 사업비(자금) 측면에서 보면 앞에서 설명한 현縣 사업에 비해 적은 편이지만, 지원책 측면에서는 체계적인 지역 만들기의 초석으로 기록되어야 마땅할 것이다.

지역 만들기 교부금

살펴본 바와 같이 돗토리현과 그곳에서 탄생한 지원책들에는 '내발성', '종합성·다양성', '혁신성'이라는 지역 만들기의 알찬 본질적 요소를 촉진하려는 의도가 담겨 있다. 그 결과 어떤 경우에라도 ①주체성을 촉진하는 상향식 지원, ②장기간에 걸친 지원, ③자유도가 높은 지원이라는 특징을 지닌다는 점이 주목된다.

이러한 새로운 형태의 지원책은 그 내용에서부터 '지역 만들기 교부금'이라고 표현할 수 있다. 또는 자유도가 높은 자금을 마치 '기금'으로 모아둔 듯한 효용성을 지녔다는 점에서 '지역 기금 방식'이라고도 할 수 있다. 그것은 농업 보조금의 실태적 문제점을 '종합성·정합성·체계성·탄력성의 결여'로 분석한 것으로, 앞으로의 농업·농촌 보조금의 존재 방식이기도 하다. 또한 농업 경제학자 이마무라 나라오미今村奈良臣 씨가 30여 년 전부터 제기해온 '농촌 정비 기금Rural Development Fund: RDF** 의 실현으로 이해할 수 있다.

지역 만들기에서 이와 같은 지원 방식의 필연성은 정반대를 상정해보면 알기 쉽다. 즉, '행정의 강요에 의한 지원', '사용 용도가 엄격하게 제한된 지원', '단년의 일회성 지원'으로, 이것이 지역 만들기에 서로 수용될 수 없다는 것은 자명하다. 그런데 종래의 중앙과 지방의 보조금은 이러한 성격을 지니고 있었고, 대체로 개선되

•　今村奈良臣,『補助金と農業·農村』(家の光協會, 1978).

었다고는 하나 현재도 이 같은 경향이 남아 있다는 사실은 부정할
수 없다. 이전의 지원이 차례로 기능할 수 없게 된 것은 오히려 당
연하다고 볼 수밖에 없다.

돗토리현의 중산간 지역 활성화 추진을 위한 교부금 설계에 관
여한 현 담당자는 이 점에 대해 다음과 같이 설명한다.

지금까지는 지역이 중앙과 현에 지역 만들기의 이념을 맞춰왔지
만 이제부터는 중앙과 현의 사업이 지역의 이념에 맞추지 않으면 안
될 것이다.

문제의 구조를 정확히 파악한 지적이다.

보조인: 지역 서포트 인재

그렇다면 지역 만들기는 교부금이라는 '돈'에 의한 지원이 있기
만 하면 자동으로 진행될 수 있는 것인가? 물론 그렇지 않다. 자금
의 이용을 포함한 지역 만들기를 준비하고 기획해 실천하는 '사람'
이야말로 가장 중요하다. 지난 약 10년간 농산촌 현장에서 자주 들
렸던 "보조금에서 보조인으로"라는 슬로건은 이를 표현한 것이었
다. 보조금을 통한 '돈'과 '물건'에 의한 지원보다도 지금은 '보조인
(지역 서포트 인재)'에 의한 지원이 필요하다는 주장이다.

이와 같은 '지역 서포트 인재'의 중요성은 예를 들면 '지역 매니
저'나 '지역 코디네이터'라는 표현으로 훨씬 이전부터 논의되어왔

다. 그것이 왜 지금에 와서 강조되고 있는가? 여기에는 다음과 같은 배경이 존재한다. 농산촌에 존재했던 기존의 '사람'에 의한 지원 시스템의 계속되는 폐지, 빈약함이 바로 그것이다. 예를 들면, 농협의 영농 지도원이나 보급 센터의 농업 보급 지도원은 단순히 농업 기술에 그치지 않고 다양한 정보를 제공하는 기능을 지니고 있지만 그 기능이 저하되고 있다. 그것에 덧붙여 시정촌 통합으로 말단 행정기관, 담당 부서까지 통폐합되면서 '행정 직원의 현장 이탈'도 발생하고 있다. 지역 만들기 현장에서 보면, 행정의 통폐합으로 하나의 행정기관이 다수의 지역을 돌보게 됨으로써 시청, 군청과 같은 관청이 거리상 멀어지고, 행정기관의 입장에서는 자신들이 돌보아야 할 지역이 넓어지고 멀어진다.

그러한 때일수록 필요한 것이 지역을 가능한 한 자주 돌아보고, 지역 주민과의 대화를 통해 문제를 찾아내고 확인해 그것에 대응하는 행정 직원의 태도이다. 일부에서는 시정촌 스스로가 이를 자각해 대책을 꾸리고 있다. 직원이 취락 등 지역을 보살피는 '지역 담당제'가 그 예인데, 적지 않은 시정촌에서 실천하고 있다. 일부러 이를 실천하지 않으면 안 될 정도가 되어버렸다는 것은 행정 직원이 현장을 돌아볼 기회가 그만큼 줄어들었다는 현 실정을 반영한 것이다.

한편, 지역 만들기 현장에서는 지역의 공동화가 한층 더 심화되고 있는 상황에서 더욱 힘든 과제를 해결하기 위한 활동도 시작되었다. 또한 '지역 서포트 인재'의 필요성이 높아지고 있다. 시정촌

정직원에 의한 대응을 기다릴 필요가 없기 때문이다. 그것은 뒤에서 설명하듯 취락 수준에서의 워크숍을 지원하는 퍼실리테이터 facilitator(조력자)와 창업을 위해 상품 개발을 조언하는 컨설턴트, 또는 지역에 밀착한 지원자 등 다양한 인재의 필요를 의미한다고 할 수 있다.

그렇다 하더라도 지역의 현장에서 요구하는 '지역 서포트 인재' 제도로 도입하는 데는 실제로 행정상의 장벽이 존재했다. 일본에서는 행정·재정 개혁이 언급되기 시작한 시기부터 중앙, 지방을 불문하고 인건비를 동반한 새로운 재정 지출이 원칙적으로 억제되어 왔기 때문이다. 그 이유는 '사람'을 대상으로 하는 지원이 일상화되기 쉽기 때문이라고 볼 수 있다. 즉, 이 원칙에서 보자면 지자체 직원의 증원은 물론 시정촌이 위촉해 인건비를 지출하는 '지역 서포트 인재'의 도입도 쉽지 않았다.

그 장벽이 2000년대 후반에 돌파되기 시작한 것이다. 2008년 이후 급속하게 정비된 취락 지원인集落支援人과 지역 부흥 협력대地域おこし協力隊는 '지역 서포트 인재'를 지자체가 위촉하고 지방교부세(특별지방교부세)로 중앙에서 지원하는 것이다. 즉, 농산촌 현장으로부터의 요구에 따라 재정 원칙의 커다란 장벽을 부순 획기적인 체계가 정비된 것이다. 전자의 취락 지원인은 지역에 있는 지역에 정통한 사람을 상정해 구상한 것이다. 한편, 후자의 지역 부흥 협력대는 도시권으로부터 전입해온 도시부의 젊은이들로 구성되고, 주소지 이전이 반드시 필요하다.

이러한 '지역 서포트 인재'가 지역 만들기에서 맡고 있는 역할과 과제는 5장과 관련 있으므로 4장 뒷부분에서 정리하도록 하겠다.

2. 지원 주체의 존재 방식

시정촌의 역할 변화: 지역 매니지먼트형 행정

이와 같은 지역 만들기에 대한 새로운 지원책을 실행하기 위해서는 그 주체로서 기대되는 지자체도 역할의 변화가 요구된다. 지역 커뮤니티 조직과 경제주체의 지속적 발전을 지원해야 하고, 이를 위해서는 제도와 규제의 운용뿐만 아니라 각 조직과 경제주체가 처한 개별 사정에까지 뛰어들어 적극적으로 관여할 필요가 있다. 즉, 지자체 직원은 더욱 적극적인 '지역 매니저'로서 지역 조직, 단체와 개인에 대해 '금전'과 '물자'뿐만 아니라, '정보'와 '사람'을 직접 제공하거나 또는 그것들과 관련한 네트워크로의 접속 기회를 제공해야 한다.

지역 활성화 센터 이사장이자 지역 만들기와 지자체 직원 관계 분야에 능통한 시카와 시노부椎川忍 씨는 지역 수준에서 이와 같은 움직임이 필요함에도 불구하고 지자체 직원에게는 '착각에 빠지기 쉬운 몇 가지 예'가 있다고 지적한다. "현장의 진짜 문제와 주민의 생생한 목소리를 보지도 듣지도 않고, 중앙에서 만들어진 기존 법령과 제도를 충실히 운용하는 것만으로 일을 다 했다는 기분에 젖는다", "실제 경험을 바탕으로 하지 않고, 상대의 입장과 역경을 이해하지 않은 채 탁상공론만 해 규칙과 제도 등을 잘 지켰다는 식의 기분에 **빠진다**", "공평, 공정을 담보한다는 건전함에 지나치게 얽매여, '스스로 노력하며 열심히 일하는 사람'과 '뒤에서 살짝만 밀어줘도 성장하는 사람'을 노력도 하지 않고 의존성만 강한 사람들과 한통속으로 보고 도와주지 않는다"라는 것이다. 실제로 정확한 지적이 아닐 수 없다.* 농산촌 지역 만들기를 성장시키기 위해서는 당연히 이런 예와 반대되는 행정의 기능과 직원의 활동 방식이 있어야만 한다.

그것은 직원 개인만의 문제가 아니다. 지역 통합에 의해 지역이 광역화되어 멀어진 지자체의 경우 이와 같은 활동 방식을 지지하는 체계가 구축되어 있는지 여부가 행정 전체의 문제가 되기도 한다. 여기에서는 이것에 성공한 행정을 '지역 매니지먼트형 행정'이라고 부르기로 한다.

'지역 매니지먼트형 행정'의 대표적인 도전으로는 "보조인: 지역 서포트 인재"(147쪽)에서 다루었던 '지역 담당제'가 있다. 1명 혹은 여러 명의 직원이 지역 커뮤니티를 담당하고 기동적인 정보 제공과 조언을 하도록 하는 체계를 도입한 지자체가 증가하고 있다. 그 중에는 이를 위해 조례를 만들거나 직원에게 사령을 내리거나 하

---

* 椎川忍, 『地域に飛び出す公務員ハンドブック』(今井書店, 2012).

는 곳도 있다.

예를 들면, 3장에서도 소개한 히로시마현 미요시시에서는 시정촌 통합 후 10년이 되던 2014년에 19개의 시내 주민자치 조직(3장 2절에서 소개한 '아오가 자치진흥회'도 그중 하나)을 지원하는 '미요시시 지역 응원대三次市地域應援隊' 제도를 시작했다. 시 직원들 중에서 지역 내 출신 직원, 지역 내외 지원 직원, 시장에 의해 선출된 직원을 섞어 5명(합계 95명)이 '지역 응원대'로서 각 자치 조직에 관한 지원을 담당하고 있다. 임무는 시장으로부터 임명서를 받은 공무원으로서 각 자치 조직의 지역 만들기 비전을 재검토하고 새롭게 힘을 쏟고 있는 자주 방재 조직의 운영체제 만들기를 지원하는 것이다. 이는 종래의 교부금과 마을 만들기 서포트 센터(시청 지역 진흥과와 각 지소의 지역 만들기 계係 '행정 상담 창구')에 의한 주민자치 조직 지원에서 진일보한 '지역 매니지먼트형 행정'의 시범이라고 할 수 있다.

NPO 등 중간 지원 조직의 역할

그러나 '지역 매니지먼트'를 행정만이 해야 할 일이라고 단정 지을 필요는 없다. 지역에 따라서는 NPO 등의 중간 지원 조직이 부분적으로 담당하기도 한다. 그러한 움직임이 도시에서는 이미 시작되었지만 그것을 농산촌에서 더욱 빨리 전개한 사례로는 니가타현 무라카미시村上市의 '쓰키사라 파트너 센터都岐沙羅パートナーズセンター'가 있다. 이미 10여 년 전부터 활동해왔는데, 특히 큰 성과를 올린 시도를 소개하고자 한다.

쓰키사라 파트너 센터는 현의 광역시정촌권을 대상으로 한 소프트웨어 사업(뉴 니가타 리소 플랜 사업ニューにいがた里創プラン事業)을 중심으로 다양한 사업을 추진하기 위해 이와후네 지구岩船地區에 창설된 NPO 법인(1999년 개설, 2002년 법인화)이다. 그 사업 내용은 파머스 마켓에서부터 지역 통화 운영까지 여러 방면에 걸쳐 있는데, 현의 사업을 바탕으로 실시하고 있는 것이 '쓰키사라에 활기를 불어넣는 지원 사업都岐沙羅の元氣づくり支援事業'이다(1999~2000년). 이것은 커뮤니티, 개인, 기업 등이 사업을 할 때 자금 일부를 지원하는 것으로, 앞서 서술한 '지역 만들기 교부금'의 일종이라 할 수 있다.

그 내용은 '씨 뿌리기', '발아', '개화'라는 세 부문으로 나누어져 있다. '씨 뿌리기 부문'은 창업으로 연결될 만한 활동을 하거나 그에 맞는 조치를 취하는 것으로, 일률적으로 5만 엔을 조성한다. '발아 부문'은 본격적인 창업을 목표로 상품과 서비스를 실험적으로 판매하고 조직을 정비하는 등을 준비하는 것으로, 일률적으로 20만 엔을 조성한다. '개화 부문'은 실제로 창업하기 위한 사업 계획을 작성하고 그것을 실시하는 것으로, 100~300만 엔을 조성한다.

여기서는 NPO의 기동성을 살린 다양한 구상을 볼 수 있다. 첫째로 사업 채택에 관련한 심사가 공개적으로 이루어진다. 공개적인 공간(슈퍼마켓의 광장 등)을 심사장으로 해 신청자의 프레젠테이션을 심사한다. 종래의 보조금에서 나타나던 이른바 '부문별 예산 배분'의 밀실성을 없애고 내용을 책임지고 설명하도록 하는 것은 물론, 심사 자체를 심사원의 조언을 듣고 다른 신청자들 간의 네트워크를 형성하는 장으로 만들려는 목적에서 한 시도이다. 둘째로 사업이 채택되면 전문가가 파견되고 파트너 센터 사무국으로부터의 일상적인 조언을 얻을 수 있는 체계가 형성되어 있다. 셋째로 중간 발표회와 1년 후의 성과 발표회에서의 보고를 의무화했다. 발표회 역시 사업의 평가와 발전, 개선을 위한 조언을 얻을 수 있는 장이 되었다. 넷째로 이러한 활동을 더 지원하기 위해 지역 신용금고에 응원 대출금이 조성되어 사업이 채택된 사람은 무담보로 최고 500만 엔까지 융자를 받을 수 있도록 준비되어 있다.

이러한 고안이 도입, 운영되어 1999~2005년의 7년간 총 138건 79명(단체 및 개인)에 대해 5500만 엔이 조성되었고, 관광·교통, 복지·보건·의료, 식문화, 상품 개발 및 브랜드화에 따른 창업과 활동이 지원되었다.

그 실적은 높게 평가되어야만 한다. 단순히 조성금을 받은 단체 활동의 활성화에 그치지 않고, 심사회와 보고회를 통한 네트워크로 복수의 단체와 연계해 새로운 창업 활동의 시작과도 연결시켰기 때문이다. 덧붙여 말하자면, 이 단체·조직·개인의 네트워크가 지금은 무라카미 지역_{村上地域}에서 없어서는 안 될 일종의 인프라로 자리 잡았다. NPO가 맡은 역할은 행정만으로는 결코 실현할 수 없었던 것이다.

NPO의 사무국장직을 맡고 있는 사이토 치카라_{齋藤主税} 씨는 이 사업의 성과를 다음과 같이 회고한다.

쓰키사라都岐沙羅의 활력 만들기 지원 사업의 최대의 성과는 민간 측의 '지역 만들기 담당자'를 각 지역 내에서 만들어낸 것이다. 이 사업이 행해지기 전에는 지역 만들기 활동 대부분이 행정 주도로 이루어졌지만 사업을 통해 여러 커뮤니티 비즈니스 창업자가 배출되었다. 이러한 사람들이 다양한 곳에서 활약하자 지역 만들기의 중심은 서서히 민간 주도로 이행했다. 행정 주도로 기획된 한 위원회에서는 위원의 반 이상이 쓰키사라의 창업자였던 적도 있다. 그리고 그때까지 그다지 관계가 없다고 생각되어온 '생계 수단なりわい(작은 경제)'이 사실은 지역에 활력을 불러오는 기폭제가 된다는 인식이 스며든 것도 커다란 성과이다. '생계 수단'이 시작점이 되자 그때까지 거의 지역 만들기와 관련이 없었던 여성, 고령자가 주목받았고 이들이 지역 만들기 활동에 참여하게 되었다.

현재는 현의 소프트웨어 사업도 종료되었지만, 쓰키사라 파트너센터는 계속해서 커뮤니티 비즈니스 지원의 노하우를 살려 체험 투어의 조직화(쓰키사라 컨트리 칼리지), 파머스 마켓과 커뮤니티 칼리지 개최 등 활발한 활동을 하고 있다.

이와 같이 자금 공급은 행정이 했지만, 그 공급의 방법과 사후 관리는 기동적인 NPO 등의 중간 지원 조직에 위임함으로써 이른바 '핸즈온Hands-On 지원'(적극적으로 이끌어주는 지원)이 가능해질 것으로 기대된다. 이것도 '지역 매니지먼트형 행정'의 한 형태라 할 수 있다.

3. 새로운 정책의 자리매김

전체적 위치

지금까지 본 새로운 지원 방법의 자리매김을 더욱 명확히 하기 위해 〈표 4-2〉를 작성했다. 이를 통해 정책의 변화를 확인할 수 있다.

종래형 지원으로 과거의 정책 중심에 있었던 것이 '격차 시정을 위한 인프라'와 '건물 만들기의 하드웨어 정비 사업'이었다. 전형적으로는 도로 정비와 시민 회관 건설로 '격차 시정'을 슬로건으로 해 장기간에 걸쳐 추진되어왔다. 〈표 4-2〉에서는 그것이 좌측 하단에 위치해 있다('종래형 지원' 항목). 이는 말하자면 '원점'으로서 농촌 정책에 몇 개의 중심적 변화가 생겨나고 있는 것이다.

가시적인 첫 번째 변화는 공동체 지원에서 일어났다. 자금 사용에서 높은 자유도가 요청된 것이다. 그것은 공동체 자체가 다양하고 정책 지원의 메뉴도 다채로워야 한다는 점에서 시작되었지만 그에 덧붙여 자금 사용에 관한 지역의 재량이 클수록 지역 주민의 아이디어 제공이 활발해진다는 이유에서였다. 그렇기 때문에 제도적으로는 특정 사업을 하기 위한 제약이 있는 보조금이 아니라, 특정 목적에 대해 높은 자유도로 교부되는 자금인 교부금 쪽이 더 적절한 수단이 된다. 즉, 여기에서의 정책상 변화는 '보조금에서 교부금으로'라고 표현할 수 있다.

두 번째 변화는 외부의 '지역 서포트 인재' 도입이다. 농산촌 현장에서는 외부 인재를 포함한 인적 지원의 필요성이 빠르게 제기

표 4-2 지역 만들기에 관한 다양한 지원

	정부(중앙, 지방)			새로운 공공 (비영리, 비정부) 조직
	재정 지원 (물질, 자금)	인적 지원		
		전문가	비전문가	
주체 만들기 (생활의 척도)		컨설턴트 파견 (지방학)	밀착(관심)	다양한 지원
장 만들기 (생활의 구조) / 공동체	지역 만들기 교부금(사용 자유)	컨설턴트 파견 (공동체 만들기)	밀착(관심)	
장 만들기 (생활의 구조) / 생활 제 조건	종래형 지원 / 격차 시정을 위한 보조금	컨설턴트 파견 (생활 교통 등)		
지속 조건 만들기 (돈과 그 순환)	종래형 지원 / 격차 시정을 위한 보조금	컨설턴트 파견 (비즈니스)		

되고 있었다. 그러나 이미 논했듯이 이전의 보조금으로는 그것이 소프트웨어 사업용이라도 인건비 지출 대상이 되지 않는 경우가 많아 요구에 부응할 수 없었다. 그렇기 때문에 전문가뿐만 아니라 비전문가인 젊은이 등의 고용을 촉진하는 지원이 필요하다는 의미에서 '보조금에서 보조인으로'라고 한다.

이와 같은 '보조금에서 교부금으로'와 '보조금에서 보조인으로'라는 두 가지 변화가, 자주 얘기되는 '하드웨어(사업)에서 소프트웨어(사업)로'의 전환의 본질인 것이다. 그리고 이것들은 세 번째 움직임과도 연관된다. 지방분권으로의 역사적 과정 속에서 지원 주체의 중심이 중앙정부에서 지방정부로 전환된 것이다. 더욱이 그것은 네 번째 '정부에서 새로운 공공으로'라는 흐름과도 연결된다. 앞서 본 NPO 등 중간 지원 조직의 등장은 그 상징인 셈이다. 이상으로 네 가지 점을 정리하면 다음과 같다.

- (지원 내용으로서) 보조금에서 교부금으로
- (지원 대상으로서) 보조금에서 보조인으로
- (지원 주체로서) 중앙정부에서 지방정부로
- (지원 주체로서) 정부에서 '새로운 공공'으로

〈표 4-2〉에서 보면 종래형 지원에서 시작해 지원 내용(메뉴)과 지원 주체가 광범위한 영역으로 확대되고 있다는 것을 의미한다. 즉, 종래형 지원은 장 만들기, 주체 만들기, 재정 지원, 인적 지원, 새로운 공공 조직의 측면에서 확대됨으로써 사용이 자유로운 지역 만들기 교부금이 조성되는 한편, 전문·비전문가와 같은 인적 지원으로서 주체 만들기와 함께 공동체 만들기도 가능해졌다. 이뿐만 아니라 새로운 공공 조직에 의한 지원도 각각의 측면에서 다양하게 이루어지고 있다. 역으로 말하자면, 이전의 지원책은 지역 만들기의 극히 일부 영역만을 포함시켰다. 농산촌의 지역 만들기에 대한 지원 체계는 현재 비로소 정비되기 시작했다고 할 수 있다.

4. '보조인'의 역할과 과제

비전문가 '보조인': 주에쓰 지진 부흥 과정에서의 교훈

마지막으로, 앞서 논한 '보조인'에 대해 어느 정도 정리된 논의를 하고자 한다. 그것은 다음에서 조명할 젊은이들의 농산촌 이주 움직임과 강하게 연관되어 있기 때문이다.

'지역 서포트 인재'에는 크게 두 가지 유형이 있다. 한 가지는 전문가에 의한 것이다. 전형적인 '지역 서포트 인재'로는 각종 사업에서의 조언자adviser와 취락 수준에서의 워크숍(지방학)을 실시하는 컨설턴트를 들 수 있다. 앞에서도 다루었듯이 이러한 유형의 인재를 필요로 하는 목소리는 이전부터 존재했지만, 이들에게 줄 인건비를 적극적으로 책정하고 지역 만들기를 위한 조언자로서 위치할 수 있도록 하는 정책이 본격화된 것은 최근이다. 다른 한 가지는 비전문가 '지역 서포트 인재'이다. 4장 1절에서 다룬 지역 부흥 협력대는 그것을 상당히 의식한 정책이다. 특히 도시부의 젊은이가 농산어촌에서 일정 기간 살면서 지역 지원 활동을 하는 것을 상정하고 있지만 그들이 처음부터 특별한 기술을 지니고 있을 것이라 기대하지 않는다.

전문가가 필요한 것은 당연하지만 어째서 비전문가인 '지역 서포트 인재'까지 필요한가? 이와 관련해 강력하게 문제 제기된 일이 바로 니가타현 주에쓰 지진中越地震(주에쓰 지방을 진원으로 2004년 10월 23일에 발생한 최대 진도 7, 매그니튜드 6.8의 지진. 사망자 68명, 부상

자 4805명 등의 피해 발생)의 부흥 과정에서 도입된 '지역 부흥 지원인地域復興支援人' 구조였다(2007년도 발족). 이것은 NPO 법인 지구 녹화 센터가 만든 '녹색 고향 협력대綠のふるさと協力隊'(젊은이를 농산촌에 1년간 파견하는 프로그램으로 1994년에 시작되어 누적 수가 2014년 기준 688명에 이름)와 함께 지역 부흥 협력대의 제도 설계 시 하나의 모델이 된 것이다.

이 '지역 부흥 지원인'은 피해 지자체인 나가오카시長岡市 등 6개 시·정의 장長이 인정한 공적 단체에 고용되어 주에쓰 지방 내 9곳에 설치된 '지역 부흥 지원 센터'에 배치되었다. 사람 수는 그 사이에 변동이 있었지만, 최고조에 달했던 2009년에는 51명(2014년에는 32명)에까지 이르렀다. 대부분이 20~30대의 젊은이들로, 대다수가 지진이 발생한 후부터 봉사하기 시작한 사람이며 지역 진흥, 부흥 지원의 전문가는 아니다. 그들의 업무는 피해 취락의 부흥 디자인(계획) 만들기 지원이지만, 실제로는 그것을 의식하지 않고 매일 취락을 돌며 고령자에게 말을 걸고 작은 생각이라도 발굴하는 일을 한다.

이러한 활동을 경험하면서 주에쓰 지방 시절부터 얘기되기 시작했던 것이 "지역 지원에는 '덧셈의 지원'과 '곱셈의 지원'이 있다. 그러나 둘은 별개다"라는 생각이다. 전자는 부흥 지원 활동 속에서 특히 부지런히 축적해온 것을 중시하는 것이고, 그것은 마치 덧셈과 같은 작업이라 여겨진다. 구체적으로 예를 들면 고령자의 푸념, 고민, 작은 희망을 소중히 듣고 '그래도 이 지역에서 노력하고 싶다'

라는 마음이 생기게 하는 과정이다. 당연한 것이지만 여기에는 화려한 성과도 속도감 있는 어떠한 전개도 없다. 주에쓰 지방의 실천 경험에서는 피해 후 수개월부터 수년간은 이러한 유형의 지원이 필요했다는 것이다.

'곱셈의 지원'은 구체적인 사업 도입을 동반한 것으로, '물건이 생산된다', '물건이 팔린다'와 같이 비교적 단기간에 형태가 만들어진다. 이를 담당하는 사람들은 컨설턴트 등의 전문가로, 이 지원에는 마치 곱셈의 반복처럼 큰 비약의 가능성이 있고 그것이 기대된다. 그리고 이 '곱셈의 지원'은 충분한 '덧셈의 지원' 후에 처음 실시해야 한다.

이러한 지원 유형의 구별과 과정에 대한 제기는 중요한 의미를 갖는다. 이에 대해 지방학地元学에서는 다음과 같은 비유로 설명한다.

부負의 영역에서 '곱셈'을 하면 안 된다. 산수가 가르쳐주는 대로 부호가 마이너스일 때에는 '곱셈'을 하면 부의 수가 확대될 뿐이다.

피해를 입은 사람들에게 밀착된 충실한 부흥 지원이 중요한데, 그것 없이 지역의 유력자에게만 의견을 묻고 갑자기 사업을 시작해버리면 지역은 혼란스러워지고 쇠퇴가 가속화될 가능성이 있다는 것을 교훈으로 삼은 말이다.

특히 중요한 것은 곱셈, 덧셈이라는 지원의 유형별로 구체적인 지원자의 상도 그려지고 있다는 점이다. '곱셈의 지원'에는 행정 직

원을 포함한 폭넓은 의미에서의 전문가가 필요하다. '덧셈의 지원'
에서는 그것과는 대조적으로 비전문가가 적임자다. 그 점에서 '지
역 부흥 지원인'으로 봉사 경험은 있지만 행정 경험과 컨설턴트 경
험 등은 없는 젊은이가 모였다는 것도 중요한 의미와 의의가 있다.

이 점에 대해 부흥 지원의 당사자인 이나가키 후미히코稲垣文彦 씨
(주에쓰 방재안전추진기구 부흥디자인센터장中越防災安全推進機構復興デザイン
センター長)는 자신의 경험을 다음과 같이 실감 나게 얘기한다.

> (전문가가 관여하는 취락과는 달리) 마을 만들기 경험이 없는 젊
> 은이가 관여하는 취락에서는 처음부터 젊은이가 취락의 활성화 계획
> 을 작성하는 것이 목적은 아니었다. 일상적으로 취락을 찾고(취락 행
> 사에 참여, 농가 체험, 차 마시기, 마을 걷기 등), 그것에 관해 관여하
> 는 주민도 제한적이지 않다(여성도 젊은이도 포함). 그들이 마을의
> 일상을 체험해 외지인의 눈을 통한 깨달음(마을과 주민의 취미)을 주
> 민에게 전하는 것으로 주민의 주체성을 만들어냈다. 그리고 주민의
> 주체성을 살린 이벤트(산채 채취 투어, 벼 베기 체험, 축제 개최, 취
> 락의 지진 재해 기록지 발행 등)로 작은 성공과 공통적인 체험이 생
> 겨나고 그 후 주체적인 의식을 가진 주민들의 논의 속에서 공통적인
> 인식이 형성되었다. 그 결과 주민 주체의 지역 만들기가 진보했다.[*]

---

* 稲垣文彦ほか, 『震災復興が語る農山村再生』(コモンズ, 2014).

즉, 피해를 입은 취락에서 먼저 실시해야만 하는 것은 지역 사람들의 부흥을 향한 마음의 준비로, '포기하면 안 된다'는 점을 취락 수준에서 공유하는 것이다. 말하자면 '밀착형' 지원인데, 오히려 부흥을 성급하게 이루려고 하지 않는 사람이 적합하다.

현실적으로 주에쓰 지방의 '부흥 지원인'은 이나가키 씨가 지적하듯이 마을을 걷고 사람들과 차를 마시며 생각을 발굴했다. 물론 때로는 활동을 제안하고 지원도 하지만 그것은 '사업' 수준이 아니라 축제 활동과 소규모의 교류 활동 등의 '작은 성공 체험'으로 불리는 것이다.

또한 다음 사항도 덧붙이고 싶다. 앞에서 '곱셈의 지원' 주체를 컨설턴트 등의 전문가라고 했지만, 실제로 부흥 지원인 중에는 그 경험을 축적해 다양한 분야의 전문가로 역량을 지니게 된 젊은이들도 생겨나고 있다. 그들은 '덧셈(밀착형 지원)'도 가능한 '곱셈(사업 도입형 지원)' 담당자라 할 수 있다. 즉, 취락의 부흥 과정에 밀착한 부흥 지원인은 그들 자신도 성장해 다양한 기술을 몸에 익히게 된 것이다. 이와 같은 외부 서포트 인재의 성장 과정에도 주목할 필요가 있다.

'보조인'에 의한 취락 재생의 구체적인 사례: 피해지에서의 재건

앞의 내용은 '마을의 공동화'에서 재생하는 과정의 존재 방식에 관해 시사하고 있다. 1장의 취락 공동화 과정을 나타낸 그림(〈그림 1-2〉)의 재생 과정을 담은 것이 〈그림 4-1〉이다.

그림 4-1 취락 재생의 과정(개념도)

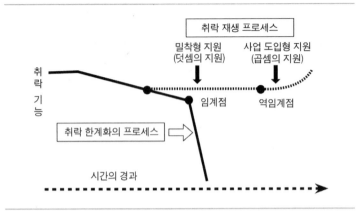

피해를 입은 지역은 그 영향으로 취락 기능이 현저히 저하되고 급속도로 임계점을 향해 간다고 생각된다. 이대로 가다가는 임계점을 넘어서 포기가 취락을 지배하게 될 때, 그것을 막기 위해 무엇보다도 가장 먼저 필요한 것이 밀착형 지원이다.

여기에서는 '재생', '부흥'을 직접적인 주제로 하는 대신 가능한 외부의 '관심'이 그 취락을 향하도록 하는 구조를 만드는 것이 중요하다. 거기에 바로 비전문가의 역할이 있다. 다르게 표현하자면 취락 재생은 'V' 자형 변화가 아니라 바닥 부분이 큰 'U' 자형 추이를 따라가는 것이다. 이 바닥 부분(밀착형 지원, 덧셈의 지원)을 거쳐 비로소 사업 도입형 지원(곱셈의 지원)에 다다르게 된다.

그렇다면 이 과정에서 취락 쪽에서는 어떠한 변화가 일어나게 되는가? 그 예로 주에쓰의 지진 피해 취락이자 부흥을 통해 '기적의 취락'이라고 불리게 된 니가타현 도카마치시 이케타니 취락+日町市 池谷集落에서 그 실태를 파악해보자.

이 취락은 1960년대에는 37세대(211명)의 중간 규모 취락이었지만 2004년 니가타 주에쓰 지진 직전에는 8세대(22명), 고령화율 62%로 고령화된 소규모 취락으로 변해 있었다. 이런 곳에 대지진이 일어났다. 다행히도 인명 피해는 없었지만 취락의 도로는 토막났고, 논밭은 갈라졌으며 신사의 도리이鳥居*도 무너졌다. 사람들은 얼마 동안 떨어져 있어야 하는지 모른 채 망연해 있었다. 그래서 등장한 것이 해외 분쟁지와 피해지에서 구원 부흥 활동을 하는 NGO(NPO 법인, 본부는 도쿄)였다. 이 단체는 피해가 발생하고 일주일 후부터는 이케타니 취락을 지원하는 자원봉사자 센터를 개설해 물자를 배부하고 봉사자들을 적절하게 수용하느라 분주했다. 특히 피해 이후의 겨울철에는 제설 봉사를 위한 그룹을 조직했고, 이 작은 취락에 전국에서 온 다수의 봉사자가 모이면서 북적거리기 시작했다. 취락 쪽에서도 시청에 보수를 요청해 폐교된 초등학교(분교)를 봉사자의 숙박 시설로 준비했다. 다음 해 가을부터는 지원자와 취락 주민에 의한 수확제(추수 감사제)도 시작했다. 그것은 작은 규모이긴 하지만 쌀 직판으로 이어졌다.

이와 같은 상황이 어느 정도 계속되자 주민의 의식에도 서서히

• 신사 입구에 세워놓는 일종의 문. 보통 붉은색이다 — 옮긴이.

변화가 생겨나기 시작했다. 취락의 리더는 다음과 같이 말했다.

취락 주민 모두가 모여 얘기하고 있을 때 "사실은 이 마을을 남기고 싶다. 이 마을을 남기자"라는 말이 자연스럽게 나왔다. 그러더니 모두가 "그렇지, 그렇지"라고 얘기하더라. 그때까지도 몇 번이고 많은 사람으로부터 "이 취락을 어떻게 하고 싶은가?"라는 질문을 받아 왔지만, 모두가 입 다물고 있었다. 취락의 장래를 말하는 것 자체가 꺼려졌다.

그것은 피해를 입고 나서 3년 가까이 지난 후인 2007년의 일이었다고 한다.

이렇게 해 취락에는 모두가 공유하는 목표가 생겨났다. 지금까지는 쇠퇴했다고밖에는 생각할 수 없었던 취락이 그 후로는 반대로 '작고 결속하기 쉽다'고 느끼게 되었다. 2011년에는 그런 상황을 확인하고 NGO의 지원은 종료되었다. 지원 종료를 기념하는 행사에는 '자립식'이라는 이름이 붙여졌고, NGO의 철수에도 취락은 흔들림이 없었다.

봉사자로 방문한 젊은이들 중에는 그 기간 동안 취락의 발전적인 변화를 보고 '이렇게 멋진 곳에 살고 싶다'고 하는 사람도 등장했다. 실제로 2010년에는 지역 부흥 협력대로 도쿄 컨설팅 회사에서 근무하던 남성이 회사를 그만두고 아내와 함께 이주해 왔다. 다음 해에는 젊은 여성 2명이 연달아 취락 활동에 참여했다.

취락에서는 이러한 젊은 신주민도 함께 참여해 쌀 직매 사업과 새로운 특산품 만들기, 취락 회보지 발행, 그리고 취락 구성원들로 구성된 지역 부흥 NPO 설립이 차례로 이루어졌다. 이 활동들은 '일본에서 제일 활기찬 마을 프로젝트日本一のにぎやか村プロジェクト'라고 불리고 있다. 피해 후에는 6세대 13명(고령화율 62%)까지 인구가 감소했지만, 현재는 취락에 사는 주민이 8세대 19명이고, 고령화율도 37%로 회복되었다. 이러한 도전은 "'한계 취락'을 벗어난 '기적의 취락'"이라고 불리며 매스컴에서도 자주 보도된다.

이와 같이 이케타니 취락은 지진 피해를 '포기'로 이어가지 않고 반대로 취락의 재생으로 향하게 했다. 여기에는 중요한 교훈이 있다.

첫째로, 이 취락이 앞서 논한 것과 같이 두 단계를 거쳐 지금에 이르게 되었다는 것이다. 첫 단계는 NGO에 의해 모인 봉사자 등의 외부 서포트 인재가 지역에 밀착한 단계이다. 조직된 NGO의 직원 중에는 물론 전문가도 있지만 집결된 봉사자는 학생에서부터 직장인, 그리고 퇴직한 고령자 등 적어도 취락 재생의 전문가는 아니었다. 그러나 그들이 지역에 밀착하게 됨으로써 지진 피해라는 커다란 영향에도 포기하지 않고 '어떻게든 된다'며 지탱할 수 있었다. 이것이 활동의 바탕이 되어 두 번째 단계로 그 이후의 신규 참여자도 더해진 활발한 사업 도입형 활동으로 이어졌다.

둘째로, '취락을 남기자'라는 지역 주민의 공통된 목표를 만들어내는 순간이 있었다는 점이다. 그것은 영혼을 가진 말로써 취락을 이끌었다. 취락 재생에는 이처럼 목표를 공유하는 결정적인 순간이 있고, 그것이 '덧셈의 지원'에서 '곱셈의 지원'으로 전환되는 때이기도 했다.

그리고 셋째로, 공통된 목표를 높이 내건 취락으로 도시부의 젊은이가 모여든 것이다. 이와 같은 재생을 향한 지역의 결단 자체가 지역의 자긍심을 재생시키고, 그것이 젊은이를 이끄는 새로운 매력이 되었다.

이와 같이 생각해보면 이케타니 취락의 움직임은 결코 '기적의 과정'이 아니라는 것을 알 수 있다. 이러한 프로세스를 거침으로써 피해지뿐만 아니라 다른 취락, 지역이 재생하기 위해 거쳐야 하는 '당연한 과정'을 보여준다.

'보조인'으로서의 지역 부흥 협력대: 농산촌 이주 인구

피해지와 그 이외의 지역 모두에서 활동하는 '보조인'은 지금 지역 재생에 있어서 반드시 필요한 존재이다. 그리고 그 '보조인' 파견 제도로 등장했고, 앞으로도 기대되는 존재가 바로 앞에서도 여러 번 언급했던 '지역 부흥 협력대'이다.

이 제도는 앞서 다루었듯이 도시부에서 3대 도시권 이외 지역(단 3대 도시권의 조건 불리 지역을 포함)으로의 이주자(주소 이전도 동반)로, 시정촌장으로부터 위탁받은 '지역 부흥' 활동을 하는 사람에 대해 인건비와 활동비가 지원되고 있는 것이다. 보수는 최대 연간 200만 엔(지자체에 따라 다름)으로 그 밖에 지자체가 지출하는 모집 경비와 협력대 여비, 공무용 자동차와 주거 임대비 등도 지원 대상이 된다(최대 200만 엔). 정부에서 지자체에 특별 지방교부세를 배분함으로써 한 사람당 최대 3년간 지원된다.

2009년에 제도를 발족한 이후 그 수는 매해 증가해 총무성 최신 조사(2013년 12월 기준)에 따르면 318곳의 지자체에서 978명의 협력 대원이 활약하고 있다. 그중에서도 20~30대가 79%를 차지하고, 35%가 여성이다.

그들의 응모 동기는 이주·교류 추진 기구移住·交流機構의 설문 조사(〈표 4-3〉)를 살펴보면 다방면에 걸쳐 있다. '응모를 한 가장 큰 이유'를 보면, 지역 공헌, 장래에 정주하기 위한 준비, 능력과 경험 살리기, 시골 생활 체험, 흥미 등으로 대답이 분산되어 있고 어떤 것도 20%를 넘지 않는다.

필자가 실시한 각 지역 면담 조사에서도 협력대는 농산촌의 자리매김과 관련해 다음의 네 가지 유형이 있다는 것을 알 수 있었다. 첫째는 '일터'로서의 농산촌이다. '지역 부흥'이라는 일과 그 후 무엇이든 창업하는 데에 매력과 가능성을 느끼는 젊은이가 있다. 설문 조사 결과에서도 '다른 취업처를 찾아내지 못했다'를 응모의 '가장 큰 이유'라고 한 답변은 하나도 없었고, '복수 응답'에서 보아도 5% 정도였다. 즉, 협력대에 취직이 어쩔 수 없는 것이라는 소극적인 의식을 가진 사람은 거의 없다.

둘째는 '자기 자신을 찾는 장'이다. 비일상적인 공간에서 자신을 돌아보고 스스로를 찾고 에너지를 얻었다는 젊은이는 어느 시대든지 존재한다. 그들이 도시와 해외가 아닌 농산촌을 향해 있다는 것

표 4-3 '지역 부흥 협력대' 응모 이유

(단위: %)

순위	응모 이유	가장 큰 이유 (단일 응답)	모든 이유 (복수 응답)
1	지역 활성화에 도움이 되고 싶었기 때문	19	63
2	현재의 근무지에서의 정주를 생각하고 있고 활동을 통해 정주를 위한 준비를 하고 싶었기 때문	17	30
3	자신의 능력과 경험을 살릴 수 있다고 생각했기 때문	15	61
4	활동 내용이 재미있어 보였기 때문	12	55
5	현재 근무지와의 어떤 연결 끈이 있었기 때문	8	32
6	한번 시골(지역)에 살아보고 싶었기 때문	7	37
7	도회지 생활에 지쳐 있었고 도회지 생활은 충분히 했다고 생각했기 때문	4	22
8	권유해주는 친구가 있었기 때문	4	11
9	지역 내(같은 현 내를 포함)에서 일하고 싶었기 때문	2	11
10	다른 취업처를 찾아내지 못했기 때문	0	5
-	기타	12	12
	응답자 수 410명	100	100

주: 설문 항목은 "당신이 '지역 부흥 협력대'에 응모한 이유는 무엇입니까?"이다. 순위는 '가장 큰 이유'를 따랐다.
자료: 이주·교류 추진 기구(移住・交流推進機構, JOIN)가 실시한 「지역 부흥 협력대·대원 설문 조사(地域おこし協力隊・隊員アンケート調査)」(2013.8. 실시)를 참고해 작성했다.

이 새로운 현상이라 할 수 있다. 그리고 셋째는 '공헌의 장'이다. 주지하는 바와 같이 동일본 대지진 피해지에는 많은 젊은 봉사자들이 달려왔는데, 그 이전부터 젊은이들은 농산촌을 향해 있었다. 난관을 겪고 있는 지역에 대해서 '자기 세대가 무언가 할 수 없을까'라는 뜨거운 마음을 갖고 지역 활동에 참여하는 젊은이가 늘어나

고 있는 것이다. 넷째는 '정주의 장'으로서의 농산촌이다. 이 설문
조사에서 '정주를 위한 준비'를 선택한 비율은 17%이지만, 실제로
2013년 6월로 위촉 기간이 끝난 협력 대원(366명)의 행선지를 보면
56%가 활동했던 지역 및 그 주변에 정주하여, 활동 이후 '정주의
장'으로 해당 지역을 선택하는 사람이 많아지고 있다는 것을 알 수
있다.

이와 같은 다양한 동기를 갖는 젊은이가 지역 부흥 협력대로서
농산촌에 모여 '보조인'로서 활동하며, 적지 않은 비율로 그 지역에
정주하려 하고 있다. 즉, 5장에서 보듯이 매해 표면화되고 있는 농
산촌 이주에 지역 부흥 협력대도 기여하고 있는 것이다.

단, 운용상의 과제도 적지 않다. 특히 현장에서 활동하는 지역
부흥 협력대로부터 지자체와의 관계에 대한 문제가 제기되고 있다.
한 가지는 지자체 직원과 협력대의 역할 분담이다. 일부에서는 행
정 직원이 지역 부흥을 지원할 여유가 없기 때문에 협력대를 도입
했다는 발상이 보인다. 만약 '지역은 외부 인재에게 맡기면 된다'는
식의 '대체' 발상이 존재한다고 하면 문제이다. 앞에서도 다루었듯
이 지역 담당제를 택하는 지자체와 지역 담당 전임 직원을 두는 지
자체도 있는데, 이와 같은 노력이 지자체 내에서 이루어지지 않으
면 안 된다. 또한 외부 서포트 인재에게는 '외부'라는 특징을 살릴
수 있는 활동을 맡겨야 한다. 즉, 행정과 협력대와의 관계에는 '대
체'가 아닌 '보완'이 필요하고 역할 분담이 중요하다.

또 다른 하나는 지역 부흥 협력대의 지원 체제이다. 구체적으로

는 '담당 창구가 없고, 작은 상담도 책임지고 맡는 사람이 아무도 없다', '지역 부흥 활동을 위한 자금이 지자체에 전혀 준비되어 있지 않다'는 문제가 협력대로부터 자주 제기되었다. 그러나 이는 표면적인 것으로, 지자체와의 대화를 통한 해결은 어렵지 않다. 오히려 협력대가 제기하는 더욱 본질적인 불만은 수용 담당자와 부서에 지역 만들기를 하고자 하는 '마음'이 없다는 것이다. '마음'이 없기 때문에 지자체 직원은 협력대에게 무엇을 했으면 하는지 설명을 하지 못한 채 지역 내에서 "하고 싶은 것을 하세요"라는 식으로 내버리거나 '방치'하는 경우도 자주 있다.

지자체가 제도 안에서 자신의 역할에 대한 중요성을 인식하지 못한 채 지역 부흥 협력대를 도입하면 그것은 협력대에도 지역에도 불행한 일일 것이다. 이를 피하기 위해서는 그에 상응하는 수용 체제가 지자체에 구축되어 있는지 없는지 재확인해야만 한다.*

* 圖司直也, 『地域サポート人材による農山村再生』(岩波書房, 2014).

5장

전원 회귀 전선
농산촌 이주의 과제

1. 전원 회귀의 현재

'전원 회귀'의 의미

이 책의 머리말에서도 논했듯이 도시민의 농산촌에 대한 관심이 높아지고 있다. 옛 시대의 표현이기는 하지만 이것을 사람들의 '전원 회귀田園回歸'라고 부르기로 한다.

전원 회귀란 농산촌 이주에만 국한된 좁은 의미의 표현이 아니다. 오히려 농산촌(어촌도 포함)에 대해 사람들이 다양한 관심을 갖고 그 깊이와 폭을 넓혀가는 과정을 가리킨다. 그러나 이 '관심'은 농산촌의 생활, 생업, 환경, 경관, 문화, 공동체, 그리고 그곳에 살고 있는 사람들에 대한 어느 정도의 공감을 포함하는 것으로, 최종적으로는 그곳에 머무르거나 이주하겠다는 의지로 이어진다.

즉, 농산촌으로 이주를 희망하는 정도가 사람들의 전원 회귀 경
향을 나타내는 것으로 파악할 수 있다. 그러한 의미에서 2014년 내
각부內閣府에서 실시한 여론조사를 검토해볼 만하다. 이 여론조사
문항에는 '당신은 농산어촌 지역에서 살아보고 싶습니까?'라는 질
문이 포함되어 있어 같은 질문을 담고 있는 2005년의 여론조사와
도 비교 가능하다.

2005년의 여론조사에 따르면, '희망한다'와 '희망하는 편이다'를
합한 응답률이 20.6%인 데 반해, 2014년 여론조사에서는 31.6%로
11%포인트나 증가했다. 바로 이러한 점이 최근 높아지고 있는 '전
원 회귀' 경향이 일반적이라는 것을 확신시켜준다. 그러나 더욱 흥
미로운 것은 성별, 연령별 동향이다. 그 결과를 나타낸 것이 〈그림
5-1〉이다.

예를 들면 남성은 20~40대에서 증가 경향이 현저하고, 2014년
에는 20대의 비율이 47.4%로 절반에 가까웠다. 그 결과 2005년 20
대보다도 비율이 높았던 50대('단카이團塊 세대'가 중심)가 2014년
에는 역전되었다. 즉, 전원 회귀를 지향하는 주역이 중노년층에서
젊은 층으로 바뀌고 있다는 것을 지적할 수 있다. 또한 변화의 폭에
서도 남성, 여성 모두 30~40대가 많다. 이것은 독신자, 기혼자 세

• 1948년을 전후해서 태어난 베이비붐 세대로 인구구성상 다른 연령대의 사람들
에 비해 인구가 두드러지게 팽대한 세대를 지칭한다 — 옮긴이.

그림 5-1 농산어촌 정주를 희망하는 사람의 비율

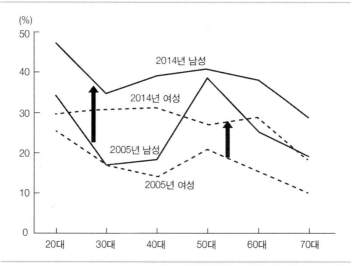

주: "당신은 농산어촌 지역에 정주해보고 싶습니까?"라는 질문에 대한 "있다", "있는 편이다"라는 응답의 구성비이다.
자료: 내각부(內閣府), '도시와 농산어촌의 공생·대류에 관한 여론조사(都市と農山漁村の共生·対流に関する世
論調查)'(2015) 및 '농산어촌에 관한 여론조사(農山漁村に関する世論調查)'(2014)를 참고해 작성했다.

대뿐만 아니라 아이가 있는 가족 세대가 농산어촌에 관심을 두기 시작했다는 것을 의미한다. 일반적으로 말하자면, 20~40대 청장년 층의 전원 회귀 경향이 지금까지 없던 형태로 높아지고 있는 것이다. 그러나 그것이 바로 정주라는 현실과 직결되지는 않는다. 여기서 표시는 생략했지만, 정주 희망이 "있다", "있는 편이다"라고 답한 사람 중 "10년 내에 그것을 실현하고 싶다"라고 한 사람은 전체의 50.1%였고, 20대(남녀 합계)에서는 상당히 낮은 27.5% 정도에 머물렀다. 역시 희망과 현실로 옮기는 행동과는 거리가 있다.

그렇지만 희망의 크기는 행동 저변의 넓이라는 의미에서 중요하다. 그 속에서 생겨나고 있는 농산촌 이주에는 어떠한 실태와 과제가 있는지 이 장에서 살펴보고자 한다.

또한 앞에서 전원 회귀를 둘러싸고 '옛 시대의大時代的'라고 표현한 것에 대해 보충 설명하자면, 이 표현은 약 100년 전 다이쇼 시대大正時代(1912~1926년)에 일부 '지식인'의 귀농 운동 슬로건으로 사용된 적이 있다. 농업 협동 취락인 '새로운 농촌'으로 유명한 무샤노코지 사네아쓰武者小路實篤를 비롯해 많은 작가, 문화인이 이때부터 1920년대에 걸쳐 차례로 '전원 회귀'를 주장, 실천했다. 그러나 그것은 실로 문화인들에게서만 보인 협의의 이주였고, 그 움직임은 농본주의적 사조의 일부가 되어 일본을 전쟁으로 이끈 파시즘과 가까웠다. 이러한 1세기 전의 '전원 회귀'와의 차이점에도 염두를 두고 전원 회귀의 현재에 대해 논하려 한다.

이주 상담에서 이주로

농산어촌으로 이주하고자 하는 희망은 실제 이주 행동으로 어느 정도 옮겨지는가? 먼저 이주 상담에서 나타나는 경향을 확인해보자.

〈표 5-1〉은 도시 주민을 대상으로 농산어촌으로의 이주 상담과 알선을 주선해주는 NPO 법인 후루사토 회귀 지원 센터ふるさと回歸支援センタ-의 상담 건수 추이를 나타낸다. '전화 등 문의'는 사업 진행 여하로 달라지는 것이지만, 중심적인 업무인 '면담, 세미나'로 지속적인 증대를 확인할 수 있다. 2013년에 그 건수가 8000건을 넘어

표 5-1 후루사토 회귀 지원 센터의 상담 건수 추이

연도	2007	2008	2009	2010	2011	2012	2013
상담, 세미나	1,440	2,269	2,822	2,665	2,543	4,659	8,307
전화 등 문의	706	632	1,200	3,503	5,173	1,706	2,520
합계	2,146	2,901	4,022	6,168	7,716	6,365	10,827

자료: NPO 법인 후루사토 회귀 지원 센터의 데이터를 참고했다.

섰고 2007년에 비해 5.8배 늘었다. 특히 그러한 증가는 2012년 이후부터 현저하게 나타난다. 이 표에서는 생략하지만, 센터의 자료에서는 방문객의 연령대를 알 수 있다.

그 특징은 40대 이하의 청장년층 비율이 급증하고 있다는 것이다. 2008년에는 30%였던 것이 2013년에는 54%로 증가했다. 즉, 이전에는 방문객의 과반이 50대 이상이었지만 현재는 오히려 그 세대가 소수가 되었다. 단카이 세대를 중심으로 하는 중노년층에서 청장년층으로 이주 상담의 대상이 확실히 변화하고 있다는 것을 확인할 수 있다.

이러한 상황과 관련해 이 센터의 사무국 차장이자 이주 상담을 담당하는 지역계획론 연구자 가사미 가즈오嵩和雄 씨는 다음과 같이 설명한다.

2011년 3월 동일본 대지진에 따른 피해가 상당히 중요한 전환점이 되었다. 그것을 계기로 30대 상담자의 비중이 상당히 늘었고, 특히 그 세대의 가족이 함께 움직이기 시작했다. 이 연령층은 지금까지의 농촌 이주와는 그다지 연관성이 없던 계층이다. 원전 사고와 수도권 직하형 지진에 대한 불안으로 이주를 상담하러온 사람도 있지만 오히려 농산촌에서 지역에 밀착된 생활을 하고 싶어 하는, 즉 '삶의 방식'을 희망하는 사람이 많다.

그렇다면 현실에서 농산촌 이주는 어떻게 변화하고 있는가? 현 시점에서 그것을 전국적으로 고찰할 수 있는 데이터는 없는 상황이다. '주민 기본 대장 인구 이동 보고'는 매년 주민표 이동을 동반한 인구 이동을 나타내고 있지만, 특히 시정촌 통합이 이루어진 지역에서는 지자체 내 도시부 인구 동태의 규모가 크기 때문에 주변 농산촌 지역의 이동 경향이 가려지는 문제가 있다.

그러나 일부에서는 인구 이동의 변화가 확실히 보고된다. ≪주고쿠신문中國新聞≫은 2014년 새해 첫날 신문 첫 장에 '마을 산里山, 마을 바다里海 재평가의 움직임, 풍요로움을 위해 젊은이들 이주'라는 제목의 기사를 게재했고 주고쿠 지방의 과소 지역 중 2012년에 인구의 사회적 증가를 실현한 4개 지자체(야마구치현 스오오시마정周防大島町, 시마네현의 이난정飯南町, 미사토정美郷町, 아마정海土町)에 대해 보도했다. 기사에서는, "U턴 유형의 정년퇴직자와 더불어 최근 도시부에서의 I턴, U턴 유형의 젊은이, 가족 단위의 이주자가 두드러진다"라는 스오오시마정 담당자의 발언이 소개되었다.

시마네현 중산간 지역 연구 센터의 후지야마 고藤山浩 씨는 독자적인 통계 정리로 시마네현 내 중산간 지역의 기초적인 218개의 생활권 단위(공민관 구와 초등학교 구 등)의 인구 동향(주민 기본 대장 기초)을 산출했다. 그 결과로 2008~2013년 6년간 3분의 1이 넘는 73개 구역에서 4세 이하 유아의 수가 늘어나고 있다는 것이 밝혀졌다. 당연한 것이지만, 유소년 인구의 증가는 그 부모 세대의 증가에 따른 것이다. 후지야마 씨는 이에 대해 다음과 같이 말한다.

아이들이 늘어난 구역의 분포는 산간부와 멀리 떨어진 외딴섬과 같은 '시골 중의 시골'이 대부분을 차지한다. 즉, 시청과 대형 마트가 있는 중심부에서 떨어진 곳에서 아이들이 늘고 있는 것이다. 지금까지 과소화의 반세기 동안 볼 수 없었던 현상이다.[*]

이는 앞서 언급한 것과 같이 통합된 시정촌 지역 단위로는 드러나지 않는 인구 변화 경향을 소지역을 기본 단위로 한 통계 정리로 밝혀낸 것이다.

돗토리현의 실태

이와 같은 경향은 인접한 돗토리현에서도 보고되고 있다. 이 현에서는 이주자의 동향이 시정촌을 통해 파악된다(돗토리현 지역 진흥부 돗토리 생활 지원과 자료). 이에 따르면, 이주자 수는 2008년

---

[*] 藤山浩, 「田園回歸時代が始まった」, ≪季刊地域≫, 19号(2014).

표 5-2 돗토리현의 이주자 동향(2011~2013년)

		「마스다 보고서」에 따른 '소멸 가능성'	인구 ⓐ (2014년)	이주자 수 ⓑ (2011~2013년 누계)	인구 대비 ⓑ/ⓐ (만분율)
돗토리현 합계			587,067	2,172	37.0
(현 내의 시부)			429,864	1,073	25.0
(현 내의 정촌부)			157,203	1,099	69.9
비율이 높은 정	니치난정(日南町) ⑪	◎	5,345	102	190.8
	호우키정(伯耆町) ⑧	◎	11,418	179	156.8
	지즈정(智頭町) ⑨	◎	7,792	119	152.7
	히노정(日野町) ⑬	◎	3,551	48	135.2
	호쿠에이정(北栄町) ⑤	○	15,718	165	105.0
	고후정(江府町) ⑮	◎	3,294	33	100.2
	미사사정(三朝町) ⑩	◎	7,020	69	98.3

주: 1) ◎, ○ 표시는 일본창성회의 보고서 '소멸 가능성 도시' 목록에 있는 것으로, 이 중 ◎은 2040년 인구가 1만 이하로 추계되는 곳이다.

2) 각 정의 이름 옆에 있는 번호는 현 내 15곳의 정촌에서의 인구 순위를 나타낸다.

자료: 돗토리현 자료 및 '주민 기본 대장 인구 이동 보고(住民基本台帳人口移動報告)'를 토대로 작성했다.

172명에서 2013년에는 962명으로 5배 이상 늘었다. 최근 2013년 이주자 세대의 세대주 연령을 보면, 29세 이하가 43%, 30대가 22%로 이 두 연령대가 전체의 3분의 2를 차지한다.

〈표 5-2〉는 시정촌별로 그 동향을 정리한 것이다. 인구 대비(인구 1만 명에 대한 이주자 수)를 보면 시부의 수치는 25명인 데 비해 정촌부에서는 70명으로 2.8배나 높다. 이뿐만 아니라, 〈표 5-2〉에서는 비율이 높은 7개의 정町을 제시하고 있는데, 모두 현 내에서는 인구 규모가 작은 정이다.

표 5-3 돗토리현 니치난정의 인구 동태 (2008~2013년)

(단위: 명)

연도		2008	2009	2010	2011	2012	2013
인구 동태	자연 증감	-102	-104	-101	-107	-92	-116
	사회 증감	-60	-31	-60	2	-6	-12
	합계	-162	-135	-161	-105	-98	-128
인구가 줄지 않은 지구 수		3	6	7	14	9	8

자료: 니치난정의 『정정 안내서(町政のしおり)』 및 정 자료(지구별 인구)로 작성했다.

또한 여기에서 제시한 모든 정은 앞서 머리말에서 논한 「마스다 보고서」에 따른 '소멸 가능성 도시'이고, 호쿠에이정北榮町을 제외한 6개 정은 '소멸한다'고 더욱 강하게 지목된 지역이다. 즉, 보고서에서 '소멸'한다고 지목된 지역일수록 농산촌 이주가 생겨나고 있는 현실이다.

그러면 이러한 이주자의 움직임으로 지역 인구의 전체 모습은 어떻게 변하고 있는가? 말할 필요도 없이 지역 인구는 이주자 수뿐만 아니라 그 반대의 전출자 수도 포함한 사회적 증감, 출생자 수와 사망자 수에 의한 자연적 증감에 의해 결정된다. 이 점에 유의해 돗토리현 내의 이주자 인구 대비에서 발생률이 가장 높았던 니치난정에서의 동향을 살펴보자.

〈표 5-3〉에서 알 수 있듯이 정町에서 사회적 증감은 이전 인구의 대폭적인 감소에서 빠른 속도로 회복해 2011년에는 마침내 증가(사회적 증가)로 변했다. 그 후에는 다시 감소해도 이전과 비교해 낮은 수준이다. 이는 '정은 커다란 병원', '정의 도로는 병원의 복도'

를 내건 정립町立 병원을 중심으로 한 내실 있는 의료·복지 서비스가 이주자들을 끌어들이는 매력이 되고 있기 때문으로 보인다. 이와 함께 정의 독자적인 농림업 연수생 제도(최장 2년간) 도입의 성과가 반영되었다고 생각된다. 그러나 다른 한편으로는, 자연적 증감이 거의 일정한 수로 변하고 있다. 과거 과소화로 상당히 비뚤어진 '역피라미드형' 인구구성으로는 자연적 증감을 개선하는 것이 쉽지 않기 때문이다.

그렇다고는 하지만 자연적 증감이 거의 일정하게 일어나고, 사회적 증감이 개선되면서 정 전체의 인구 감소는 확실히 진정세에 돌입했다. 이에 덧붙여, 지구별로 볼 경우 '인구가 줄지 않는 지구 수'도 현저하게 늘고 있다. 이것은 정 내 36곳의 지구(행정구에 해당)에서 나타나는 변화이고, 2011년의 14지구는 전체 지구 수의 약 40%에 상당한다. 이주자의 증가가 비교적 특정 지역에 한정되어 있다는 의미도 있고, 정 내 인구가 감소하지 않는 지구를 상당한 비율로 만들어내고 있다는 사실도 확인할 수 있다.

앞서 시마네현을 대상으로 한 후지야마 씨의 분석에서도 보이듯이 이와 같은 농산촌 이주는 시정촌 단위보다 더 작은 지구 단위에서 확대되고 있다. 이 점에서 농산촌 이주 동향을 '시정촌과 현 단위에서 보면 무의미한 움직임'이라고 과소평가하는 것은 잘못되었다고 지적하지 않을 수 없다.

2. 농산촌 이주의 실태: '따뜻하고 근사한' 지역으로

다채로운 이주 실태

농산촌의 이주 실태를 알아보기 위해 2명의 사례를 소개하고자
한다.

• 니가타현 도카마치시 A 씨(남성, 36세)

A 씨는 도쿄도 23구에서 태어나 31세가 되던 2010년에 니가타
현 도카마치시로 이주했다. 학교를 졸업하고 도쿄에서 교육 관련
일을 했다. 수입은 낮지 않았지만 일이 바빠 3개월간 무휴였던 적
도 있었다. 4년간 열심히 일했지만 건강이 나빠지면서 퇴직했다.
그 후에는 여러 아르바이트를 경험했다.

그리고 우연히 도카마치시의 지역 활성화 협력대에 관해 알게
되었다. 이전부터 여행이 좋아 시골에서 살고 싶다는 생각을 하고
있었다. 특히 니가타현을 비롯한 서해안 지역은 풍부한 먹거리와
지역 사람들의 온정, 겨울에 눈이 내리는 분명한 사계절이 있다는
것을 지금까지의 여행을 통해 접했고, 이에 좋은 인상을 갖고 있었
다. 때마침 새 일거리를 찾아보고 있던 터에 지역 활성화 협력대에
지원해 채용되었다.

도카마치시의 지역 활성화 협력대는 3년간의 임기 동안 담당하
는 지역에 거주해야 한다는 조건이 있어서 A 씨는 오래된 빈 농가
를 소개받아 집세 3만 엔에 빌려 살고 있다. 채용 직후에는 취락의

사무장으로부터 "담당 지역인 세 취락에 혼자 사시는 할머니 세 분이 계시는데 말동무 해드리세요"라는 부탁을 받고 먼저 그 할머니들의 말벗이 되어드렸다. 거기에서 시작해 다른 집에서도 풀베기, 병원 통원을 위한 운전, 앞마당 나무 가지치기, 짐 운반 등 여러 일을 부탁받았고 하나도 거절하지 않았다. 그 결과 1년 동안 세 취락 80세대 중 절반인 40세대의 일을 도왔다. 그리고 90%의 주민과 집에 들어가 차를 마실 수 있을 정도가 되었다.

처음에는 도쿠시마현德島縣 가미가쓰정上勝町의 '나뭇잎 비즈니스 葉っぱビジネス'와 같은 발상으로 '산나물 비즈니스山菜ビジネス' 등 나름대로 새로운 일거리 창출의 아이디어가 있었고 그것을 지역 사람들에게 이야기하곤 했다. 그러나 1~2개월 만에 그 발상을 접었다. 여러 가지 일들을 도우면서 역으로 시골 할아버지와 할머니들이 굉장한 분들이고 상당한 지혜를 갖고 있다는 것을 깨닫게 되었기 때문이다. 현실과 어울리지 않는 아이디어를 밖에서 들여와서는 안 되겠다고 생각했다. 여러 가지를 도와드리려고 했지만 실제로 도움이 될 만한 것은 1%도 없다는 것을 느끼기 시작했다. 예를 들면, 자동차가 산길의 도랑에 빠져서 옴짝달싹할 수 없게 되었을 때도 눈 깜짝할 사이에 취락 사람들이 구조하러 와주었고 놀랄 만한 기술로 도와주었던 적도 있었다. 그런 속도감과 필요한 사람에게 정보가 전달되는 네트워크에 압도되었다. 이곳 사람들의 고도로 숙련된 삶의 기술에 경탄했다.

그리고 이것저것 돕는 과정에서 취락의 온정을 느꼈다. 살고 있는 집이 오래되어 개수할 때에도 취락 사람들에게 도움을 받았다. 그렇기 때문에 지금 돌아보면 지역 활성화 협력대로서 '지역 분들에게 도움을 줬다'는 의식은 전혀 없다. 오히려 계속 도움을 받고 있었다. 취락에 사는 것을 형태화할 수는 없는 것이지만, A 씨 자신에게는 피와 살이 되었다.

두 번째 해부터는 인맥이 점점 넓어졌다. 취락의 고령자 세대와 관계를 맺게 되면서 어느새 그 자식 세대의 아버지들에게 '노인들에게 친절하다'는 신뢰를 얻게 되었다. 그리하여 지역 내 세 가구가 운영하는 작은 직판장 리모델링에도 참여하게 되었다. 그것이 도카마치를 중심으로 열리는 '대지의O 예술제大地の芸術祭'의 관계자와도 연결되었고, 더욱이 도쿄의 다이칸야마代官山에서 거의 격주마다 열리는 '다이칸야마 아침장代官山朝市'에 도카마치 채소를 출하하는 일에도 관여하게 되었다. 이 과정에서 더욱 신뢰받게 되었고 주변 사람들로부터 "A 씨는 취락 주변의 농가에 대해서라면 무엇이든 알고 있다"라는 말을 듣게 되었다.

임기가 끝난 2013년부터는 도카마치의 지역 부흥 지원원地域復興支援員(4장 4절 참고)으로서 NPO 법인의 도카마치시 지역 부흥 실행 위원회에 소속되어 '마을 산 프로젝트'라는 이름으로 앞에서 언급한 채소의 유통 체계를 한층 더 확충하는 일을 담당하고 있다. 현재는 시내의 학교급식, 복지시설, 여관, 지역 내외의 레스토랑(도쿄 내에서는 유명 레스토랑 4개)과 거래하고 있다.

또한 여행사와도 연결해 지역 활성화 협력대의 후임 및 취락 주민들과 함께 마을 산 가이드 일을 하게 되었다. 눈을 이용한 스노우 슈(서양식 '설피'를 이용한 겨울 산 걷기)와 제설 체험, 논 생물 체험, 농가의 다도 등으로 구성한 프로그램을 운영하고 있다. 향후 인바운드 관광(외국인 관광)도 구상 중이다.

이와 같이 지역 현장에는 다양한 비즈니스 소재가 있다. 일거리를 새로이 만드는 것도 가능하고 지금 존재하는 일거리를 연결하는 것도 생각해볼 수 있다. 지역 안으로 깊이 들어가면 들어갈수록 일거리의 싹이 될 만한 것이 보이기 시작한다. 그런 점에서 이처럼 지역에 밀착한 협력대의 업무 방식이 유익했다고 본다.

협력대 시절, 3년째 되던 해에는 이전부터 교제해온 여자 친구와 결혼했다. 여자 친구는 도쿄에서 휴대전화 개발과 관련된 일을 하고 있었는데 퇴직하고 도카마치로 이주해 오래된 농가에서 함께 살기 시작했다. 지역 사람들이 처음부터 아내를 '마을의 딸자식'처럼 대해주었던 것도 기쁜 일이었다.

부부의 소득 목표는 300만 엔으로, 현재는 목표를 달성했다. NPO에서 근무하는 것 외에 신문 배달, 지역 농업생산조합의 사무장, 마을 산 가이드, 계단식 논에서의 무농약 쌀 재배에서 수입을 얻고 있다. 아내도 지구 내에 있는 메밀국수 가게에서 아르바이트해 수입을 얻는다. A 씨는 최근 시가 추진하는 건강체조 지도자 자격증을 취득해 강사 일도 시작했다. 지역 사람들에게 '병원에 누워 지내지 않고 생을 마감하는' 것이 무엇보다도 중요한 희망임을 실감했기 때문이다. 이것도 얼마 되지는 않지만 수입의 일부이다.

• 시마네현 오난정 B 씨(여성, 30세)

B 씨는 2011년 4월에 부부가 함께 히로시마현에서 오난정邑南町으로 이주했다. 야마구치현의 한 정町 출신으로 도쿄의 대학을 거쳐 히로시마시에 위치한 광고 대리점에서 5년간 근무했고, 같은 회사의 남성과 28세에 결혼했다. 일이 불규칙적이고 힘들었으며, 두 사람 모두 새로운 일을 하고 싶어 했던 터라 어딘가에서 두 사람이 바라는 잡화점이나 카페를 운영할 수 있으면 좋겠다고 생각하고 있었다. 농촌에는 관광객의 유동이 있기 때문에 장래성이 있다고 판단했다. 그렇게 해서 선택한 곳이 오난정이었다. 오난정은 시아버지의 출신지로 지금도 조부모님이 그곳에 사신다. 두 사람은 퇴직 후 이주하려고 했지만 남편이 회사로부터 이주 후 자택을 사무실 삼아 시마네 지점으로 하면 어떻겠냐는 제안을 받고 현재도 광고 일을 계속하고 있다. B 씨는 반년 동안 지역 활성화 협력대로서 관광협력회의 일을 도왔다. 그곳에서는 이주 전의 경험을 살려 관광 팸플릿과 관광용 홈페이지 갱신 업무를 맡았다. 그 후 2013년 4월부터는 정사무소 농림진흥과에서 임시 직원(1년 갱신)으로 일하고 있다. 이 일은 정 내의 케이블 텔레비전에서 구인 광고를 보고 지원했다.

이주 후에는 정의 이주자용 주택에 입주했다. 정에는 슈퍼와 병원도 있어 불편하다고 느껴지지 않는다. 지금은 부부 각자의 일에 더해 조부모님의 농지를 빌려 딸기와 감자 재배도 시작했다. 조부모님 댁을 자주 찾아갈 수 있게 되어서 기쁘다. 하고 싶었던 창업을 위한 준비도 하고 있다. 이미 이를 위해 오래된 농가도 구입했다. 그 장소에서 2015년 3월에 주말에만 문을 여는 고古민예품점을 개업할 예정이다. 그곳에 카페와 요가 교실도 열고 싶다. 정에는 잡화점과 카페가 거의 없기 때문에 사람들이 모이는 장소를 만들고 싶다. 요가는 히로시마에 살 때 지도자 자격증을 취득했고 지금은 정의 건강 센터에서도 요가 교실을 열고 있다.

생활 면에서 불만은 없다. 정 내에는 'U턴·I턴 모임Uターン会'이 있어서 불안한 점이 있으면 회원들에게 상담할 수 있으며, 다양한 교류도 할 수 있다. 이 모임은 정의 정주 지원 코디네이터인 Y 씨가 도와주고 있는데 그 모임을 포함해 상당히 많은 힘을 보태고 있다. Y 씨도 히로시마에서 I턴을 한 사람으로, 일과 주택에 관해서도 친절하게 알려준다.

이 지역에 와서 가장 좋았던 것은 사람과 사람이 연결될 수 있다는 것이다. 그러한 마음가짐이라면 사람들과 금방 연결되고 그 인연으로 연결 고리가 더욱 늘어가게 된다. 지금 생활에서는 그 점을 실감하고 있다.

A 씨와 B 씨 두 사람을 포함해, 필자가 진행한 인터뷰에서는 농산촌으로 이주한 사람과 관련된 몇 가지 특징적인 경향이 눈에 띈다.

첫째, 이주 상담 건수의 동향에서도 보이듯이 최근에는 20~30대의 이주자가 특히 많다. "돗토리현의 실태"(179쪽)를 보면 2013년에 이주한 623세대 중 세대주 연령이 20대 이하인 세대가 266세대

(43%), 30대가 140세대(22%)이고, 이 둘을 합치면 전체의 약 3분의 2를 차지한다. 또 '단카이 세대'를 포함한 60대는 91세대(15%)이다.

둘째, 젊은 부부의 이주가 많다. 앞서 보았던 오난정의 B 씨 이주 사례도 그렇다. 또한 단신單身으로 이주한 여성과 싱글 맘의 이주 사례도 있고, 여성의 수와 그들이 차지하는 비율 또한 늘고 있다. 종래 젊은 이주자들 중에 단신 남성이 압도적으로 많았던 점을 고려하면 상당히 커다란 변화라고 할 수 있다. 이것은 특히 중요한 점이다. 왜냐하면 머리말에서 밝힌 「마스다 보고서」는 젊은 여성의 수가 대폭 감소한다는 추계 결과로부터 '지방 소멸'을 논했기 때문이다. 그러나 실제로는 여기서야말로 새로운 움직임이 나타나고 있다.

셋째, 이주 후의 직업을 보자면 예전에는 전업 농업을 목표로 한 사람이 많았지만 지금은 반드시 농업만을 추구하지는 않는다. 오히려 농업을 포함한 이른바 '반농반X*'가 다수를 차지하고 있다. 말하자면, 겸업농가 또는 자급적 농가를 목표로 이주하는 경우가 현저하다. 표현을 달리하면, 비농업을 주요 일거리로 삼더라도 어떠한 형태로든 농업과 관련된 이주자가 많다. 사례로 본 A 씨, B 씨도 그런 경우이다.

넷째, 이주자로서 지역 활성화 협력대 등과 같은 제도를 적극적

---

* 鹽見直紀, 『半農半Xという生き方・決定版』(筑摩書房, 2014).

으로 이용하는 사람이 많다. 이것은 이주자에게 협력대라는 체제가 이주 장벽을 낮추는 역할을 하고 있다는 것을 시사한다. 게다가 협력대 임기를 끝낸 후에는 지금까지의 행정과의 관계도 남아 있고 행정의 임시 직원이나 관련된 NPO, 제3섹터의 직원으로서 앞서 언급한 '반농반X'의 'X' 부분을 채우고 있는 사람도 적지 않다.

다섯째, 농산촌 이주의 대다수는 도시 출신의 이른바 'I턴'자이지만, 그것이 지역 출신의 U턴자를 자극하는 사례도 등장하고 있다. 3장에서 본 히로시마현 미요시시 아오가 지구가 바로 이에 해당한다. 이와 같이, I턴과 U턴이 함께 진행되고 있는 지역도 몇 군데 보인다. 그러한 경우 오난정의 B 씨 사례에서도 나타나듯이 조부모가 살고 계신 곳으로 '돌아가는' 손자 세대의 움직임, 즉 '한 세대를 뛰어넘은 U턴1世帯飛び越し型Uターン'도 여럿 보인다. 이주가 다양하고 새로운 현상을 만들어내고 있는 것이다.

이상에서 밝혔듯이, 정책적인 지원을 받으면서 젊은이와 여성 증가라는 이주자 인구구성 자체의 변화, 그리고 '반농반X'와 같은 일거리 선택에서의 변화가 생겨나고 있다는 점이 주목할 만하다. 이에 덧붙여 강조되어야 할 점은 이주자의 다양성이다. 여성의 증가는 바로 이 점이 반영된 것이고, 실제로 다양한 이주 동기가 존재하며 다채로운 직업 선택이 이루어지고 있다. 이것은 특히 정책적인 대책을 고려할 때 전제로 삼아야 할 사항이다.

젊은이의 의식 변화

농산촌으로 향하는 젊은이의 증가가 보고된 것은 최근의 일이 아닙니다. '젊은이들은 왜 농산촌으로 향하는가'라는 주제로 잡지 ≪중간현대농업增刊現代農業≫을 2005년에 간행한 편집자 가이 료지甲斐良治 씨는 다음과 같이 얘기한다. 다소 길지만 경과 확인차 인용했다.

'젊은이들은 왜 농산촌으로 향하는가'라는 기획 취재로 젊은이들의 뒤를 쫓던 중 32세 전후 연령이 압도적으로 많다는 사실을 알고 왜 그런지 조사해보았다. 그리고 소름 돋을 정도로 충격을 받았다. 일본경제단체연합회가 '신시대의 일본적 경영, 고용 포트폴리오'라는 고용 가이드라인을 발표한 것이 1995년. 그때가 바로 그들이 대학을 졸업한 해이다. 가이드라인에는 '고용의 유연화' 관점에서 고용이 ① 장기 축적 능력 활용형(장래 간부 후보로서 장기 고용이 기본), ② 고도 전문 능력 활용형(전문적인 능력을 지니나 반드시 장기 고용을 전제로 하지는 않음), ③ 고용 유연형(유기적인 고용 계약으로 직무에 따라 유연성 있게 대처) 등 세 단계로 구분되어 있다. 불황으로 기업의 채용 인원이 줄어들었을 뿐 아니라 고용의 형태 자체가 종신 고용, 연공서열의 시대와는 크게 달라진 것이다. 노동조합 등의 노동계도 그것을 용인했다.

그리하여 정사원은 급감하고 '값싼 가격으로 교환 가능한 부분 노동력'으로서 파견직과 계약직, 아르바이트가 대폭 증가하게 되었다. 1995년 이후 10년간 비정규직 고용은 50%로 증가했고 지금에 이르러서는 1500만 명 이상이다. 한편, 정규직 고용은 10% 줄었고, 3500만 명 이하이다. …… 그러나 젊은이들은 어른들이 만들어놓은 그 상황에 도전하는 데 힘을 쏟는 것이 아니라 농산촌으로 향했다.*

즉, 1990년대 중반부터 시작되어 2005년에는 한 권의 책으로 출판될 정도의 움직임이 된 것이다. 현시점에서 보면 젊은이들의 농산촌 이주는 20년 이상 계속되고 있는 조류인 셈이다. 그것은 지역 활성화 협력대라는 제도로 탄력이 붙고, 더욱이 2011년의 동일본대지진이라는 젊은이들의 마음을 크게 요동하게 한 사건으로 급속하게 표면화되었다. 결코 일회성 붐이 아님을 확인할 필요가 있다.

게다가 가이 씨가 지적한 뒤 이미 10년이 지났고 젊은이들의 의식에는 더욱 선명한 윤곽을 지닌 변화가 나타나고 있다. 그 변화를 지역과 일거리의 두 가지 측면으로 구분해 논해보고자 한다.

첫째로, 지역에 대해 '시골むら'과 그곳에 사는 사람들에 대한 의식이 변하고 있다. 앞에서 든 사례 중 도카마치시의 A 씨는 '취락의 온정'을 강조했다. A 씨만이 아니라 다른 이주자 인터뷰에서도 몇몇의 젊은이들이 같은 말을 했다. 또한 A 씨가 말하는 '시골의 할아버지와 할머니들은 굉장한 분들'이라는 표현과 '멋지다'라는 형용사도 면담 조사에서 자주 듣는 말이었다.

---

* 「主張: 戰後六〇年の再出發 若者はなぜ, 農山村に向うのか」, ≪現代農業≫, 10月 号(2005).

이 점은 한 좌담회에서 나온 의견을 통해 확인할 수 있다. 현재 각지에서 지역 코디네이터로 활약하고 있는 도모히로 유이치友廣裕一 씨가 발언한 내용이다. 도모히로 씨는 일본의 농산촌을 둘러보며 다음과 같이 생각했다고 한다.

> 따뜻하고, 친절하고, 맛있고, 아름답고, 멋지다. 이러한 감정이 정말 솔직한 마음에서 우러나왔다. …… 생각해보면 도쿄에 있을 때에는 아마 '주는 기쁨'과 같은 게 거의 없었던 것 같다. 주는 장소가 없다고 할까. 그러나 농산촌에서는 내가 열심히 무엇인가 하고 있으면 그것을 보고 마을 사람들이 기뻐해준다. 20대가 찾아온 것이 몇 년 만인 지역의 경우라면 그냥 있는 것만으로도 기뻐한다. 그런 식으로 자신의 존재를 포함해 무언가를 '주는' 것이 도시에서 생활할 때에는 적었던 것 같다.*

여기서는 종종 부정적인 의미로 화제가 되는 농촌의 농밀한 인간관계를 오히려 적극적으로 받아들이려는 자세가 표현되고 있다. 그리고 생산과 생활에서의 작은 기술이 당연하다는 듯한 지역 주민, 특히 고령자에 대해서는 경외심에서 '멋지다', '대단하다'라는 말을 쓴다. 그것을 "도시부에서는 찾을 수 없었던 '있을 곳'과 '존경

---

* 農山村再生・若者百書, 『響き合う! 集落と若者』(農産漁村文化協会, 2011).

할 수 있는 아버지'가 이곳에 있다"라고 설명한 젊은이도 있다.

둘째로, 일에 대한 의식도 변하고 있다. '반농반X' 형태의 일은 이미 10여 년 전부터 논의되었지만 현재는 'X' 부분이 앞에서 보았 듯이 한층 다양해졌다. 예를 들면, 부부가 '연간 60만 엔의 소득을 벌기 위해 다섯 가지의 일거리를 모아서 생활하는' 것을 목표로 한 다는 발상은 이주 부부에게서 종종 보이는 소득 목표이다. 구체적 인 모습은 도카마치시 A 씨의 사례에서 본 대로이다.

이것은 그 정도의 소득 형성력밖에는 갖고 있지 않은 농산촌에 맞춘 벌이 활동이라고 이해되지만, 그렇다고 그것만 의미하는 것 은 아니다. 왜냐하면 이와 같은 소득 형성은 농산촌에 한정된 것이 아니라 '여러 개의 생계 수단ナリワイ'이라는 표현을 써서 일과의 새 로운 관계 맺음으로서 논의되고 있기 때문이다. '생계 수단'의 제창 자이며 실천자인 이토 히로시伊藤洋志 씨는 다음과 같이 설명한다.

여러 개의 생계 수단으로 살아간다는 것은 거대 장치를 쓰지 않고 생활 속에서 일거리를 만들어내고 일거리로 충실히 생활해가는 것이 다. 그러한 일거리를 여러 개 만들어 조합해간다.*

농산촌 이주자가 실천하고 있는 바로 그것이다. 그리고 이주자

---

* 伊藤洋志, 『ナリワイをつくる』(東京書籍, 2012).

들도 이러한 '생계 수단'의 변화 및 '다업화'와 같은 움직임을 불안정한 것으로 인식하지 않고, 농산촌에서는 긍정적인 삶의 방식으로서 그런 가능성이 넘쳐나고 있다고 평가하는 사람이 많다.

모든 사람에게 해당하는 것은 아니지만, 이와 같이 이주한 젊은 이들에게 있어서 '지역(시골)'과 '생계 수단'의 이미지나, 이상理想으로 하는 모습은 예전의 일반적인 모습과 크게 다를 것이 없다. 그리고 그것은 중앙 성청省廳의 정책 담당자와 연구자가 '당연하다'고 보는 것과 차이가 있을 수 있다. 예를 들면 종종 '농산촌 이주의 최대 문제는 일거리다'라는 정책 담당자의 논의에서 '생계 수단'과 같은 일거리를 만들어낸다는 것은 어디까지 인식되고 있는 것일까? 도쿄의 시각에서 본 이주자들을 위한 '마을 만들기' 정책 및 이주자 고용 정책이 이주자들의 의식 및 시점과 엇갈리지 않도록 주의해야 한다.

3. 농산촌 이주의 지원책

'선택되는 지역'으로의 시도와 노력: 시마네현 오난정의 도전

농산촌 이주는 특히 주고쿠 산지에서 현저하게 나타난다. 여기에서도 역시 주고쿠 산지가 앞선다는 것을 알 수 있다. 이는 3장에서 보았듯이 외부의 힘을 빌리는 동시에 지역 자원을 바탕으로 한 내발적인 농산촌 재생을 향한 '지역 만들기'가 이 지역에서 활발히 전개되고 있다는 점과 연관된다. 그러한 시도가 지역을 갈고닦아 매력적인 곳으로 만들고 있다. 이에 더해 외부의 지원 인력과도 함께 시행착오를 겪으며 열린 농산촌을 형성하고 이주자를 수용하고 있는 것은 아닌가 싶다.

그러나 주고쿠 산지 내에서도 이주자가 다수 모인 지역과 그렇지 않은 지역 간에 차이가 존재한다. 이는 시정촌이 대응하는 정도와 양상의 차이와도 관련 있다고 생각된다. 따라서 여기서는 정町 행정이 이주자 수용에 적극적으로 착수한 시마네현 오난정의 노력을 소개하고자 한다. 오난정에 관해서는 앞에서 B 씨(부부)의 이주 사례를 소개했고, 여기서는 그들과 이 활동의 관계에 관해서 살펴보기로 한다.

시마네현 오난정은 2004년에 하스미촌羽須美村, 미즈호정瑞穂町, 이와미정石見町 등 3개 정촌이 통합되어 생긴 정으로 주고쿠 산지의 중앙부에 위치하고 있다. 구舊 정촌은 각각 개성적인 지역 만들기를 추진하고 있었지만 그중 특히 유명한 것은 이와미정의 '향나무 숲 연수 제도香木の森研修制度' 활동이다. '향나무 숲(공원)' 자체는 온천, 레스토랑, 카페, 숙박 시설, 농산물 가공 시설(밀크 공방), 농원 등 농산촌에서 종종 볼 수 있는 복합 시설이지만, 그 이름이 전국 관계자들에게 알려지게 된 것은 바로 그곳에서 실시된 연수 사업을 통해서였다.

1993년부터 시작된 이 활동은 허브를 소재로 해 재배와 가공을 1년간 연수하는 것이었다. 정원은 6명이고 응모 조건은 '22세부터

35세까지의 독신 여성'으로 매년 경쟁률이 높았다. 2013년까지 21년 동안 102명의 연수자 중 34명이 정 내에 정착했다는 점도 주목할 만하다. 그중 정 내에서 결혼해 정착한 사람이 20명이고 34명 중 15명은 농업에 종사하고 있다. 다양한 경로의 이주에 효과적이었다는 것을 알 수 있다.

이 활동은 통합 이후의 오난정에서도 지속되고 있다. 지역을 갈고 닦아 제대로 홍보한다면 여성을 포함해 사람들이 정착한다는 확신이 통합 후의 정촌에도 계승된 것이다. 이로써 오난정에서는 현재 이주자를 비롯한 사람들의 정주 촉진을 위한 세 가지 전략이 마련되어 있다.* ① 일본 제일의 육아 마을 만들기, ② A급 미식美食 마을 만들기, ③ 철저한 이주자 케어 등 각각 생활 전략, 산업 전략, 이주자 전략이다. 그 내용을 간단히 보자면, 첫째로 '일본 제일의 육아 마을 만들기'는 2011년부터 정 정책의 주요 골자로 실시되고 있는 패키지 정책이다. 중학교 졸업까지 아이들의 의료비 무료화, 둘째 아이부터는 보육비 무료화를 비롯해 공립 오치른끹 병원의 산부인과 및 소아과 설치, 부인과 검진 무료화(16회까지), 그리고 고교 및 대학 진학 장학금 제도가 포함되어 있다. 각각의 항목은 선진적이며, 지금은 다른 지자체에서도 따라하고 있지만 '일본 제일의 육아 마을'이라는 콘셉트는 주민 시각에서의 시책을 종합화했다는

---

* 大江正章, 「魅力にあふれた「消滅する市町村」」, ≪世界≫, 10月 号(2014).

시마네현 오난정의 '육아 지원 가이드북'

점이 특징이다. 정사무소 앞에 높게 걸린 '일본 제일의 육아 마을을 향해서'라고 쓰인 간판은 행정의 자세를 넓게 나타내고 있다. 또한 그 내용이 주민에게 사용되기 쉽게 '가이드북'으로 정리되어 있다는 점도 특별하다.

이 경우 '촌'(오난'정'이면서도)은, '작은 공동체'라는 의미에서 의식적으로 쓰이고 있고 '지역에서 육아'라는 슬로건도 내세우는 등 콘셉트가 명확하다. 이를 위한 재원은 2010년부터 중앙정부 수준에서 창설된 과소채過疎債(지방채의 일종으로 상환금의 70%가 지방교부금으로 되돌려지고, 지역 부담은 30%임)를 소프트웨어 사업비(이전에는 도로, 시설 등의 하드웨어 사업에만 해당)로 이용해 '오난정 일본 제일의 육아 마을 추진 기본금'으로서 5년 동안 사업비 2억 5000만 엔이 적립되었다.

둘째로 'A급 미식 마을 만들기'는 내발적인 지역 산업 만들기를 의미한다. 기업 유치도 이루어지고 있지만, 그에 더해 지역 자원을 이용한 새로운 산업 만들기 중 하나로 농촌 레스토랑이 주목받고 있다. 2011년에 작성된 '오난정 농림상공 등 연계 비전'에서는 '이곳에서만 맛볼 수 있는 음식 먹기와 체험'을 관광협회 직영 레스토랑 '아지쿠라Ajikura, 味藏'에 A급 미식으로 오픈했다. 술 창고를 이축

한 가게에서는 이탈리안 코스 요리가 제공된다. 가격은 결코 비싸지 않고, 히로시마시 등의 현 외에서도 재방문을 하고 점심시간에는 예약 손님이 꽉 찰 정도로 북적거린다. 이것이 자극이 되어 정내의 음식점 점포는 38곳에서 49곳으로 증가했다. 그리고 이들 레스토랑에 식재료를 공급하는 농업인의 수도 늘어나고 있다.

또한 정에서는 '100년 후의 아이들에게도 전해줄 수 있는 오난정의 식문화'를 지키고 창조하는 것을 목적으로 '정립町立 먹거리 학교'를 2014년에 개교했다. 이곳에서는 히로시마의 유명 호텔에서 요리를 총괄한 경험이 있는 강사를 초빙해 본격적인 요리 연수 코스를 만드는 한편, 지역 전통음식·행사음식 연수를 개최하고 있다. 앞으로 지역 먹거리 전승의 거점으로 거듭날 것으로 기대된다.

그리고 셋째로 U턴, I턴자들에 관한 '철저한 이주자 케어'도 오난정만의 특색 있는 전략이다. '지역 활성화 협력대'에 대한 응대법이 그 특징이라 할 수 있다. 협력대는 제도가 시작된 이래 2014년까지 15명을 채용했지만 그 목적은 '지역 만들기 일반'이라는 막연한 성격의 것이 아니다. 각자에게 구체적인 임무가 주어지고 독특한 이름이 붙여졌다. 예를 들면 '논밭 가는 요리사'는 앞서 서술한 '아지쿠라'와 자매 가게인 '꼬마 아지쿠라(쇼핑 센터 내에 개점)'에서 연수를 받고 농업 생산에도 관여하며, 'A급 미식'의 후계자 육성을 목적으로 한다. 그리고 '논밭 가는 상인'은 직판장과 관광 안내소 운영에 관여하며, '어그리agri 여성대'는 '향나무 숲'의 연수 프로그램을 새롭게 구성한 것이다. 그리고 '지역 크리에이터'는 지역과 음식점의 프로모션 비디오를 발신하는 역할을 담당한다. 앞에서 소개한 이주자 B 씨가 "지역 활성화 협력대로서 관광협회의 일을 돕고 있다"라고 얘기한 것은 바로 이 일을 가리킨다. 즉, 이 지역의 '지역 활성화 협력대'는 장래의 기업 활동을 위한 연수 단계로 명확하게 자리 잡고 있다.

이 '협력대'를 포함한 이주자 케어는 정사무소 내에 설치된 정주 촉진과의 소속 직원 1명이 '정주 지원 코디네이터'로서 전담하고 있다. 첫 번째로 연락을 받는 사람일 뿐만 아니라 구직, 거주할 주택 찾기, 일상적인 상담까지 담당하고, 이른바 '원스톱 담당자' 역할을 해낸다. B 씨도 지적했던 대로 현 담당자는 이주자인 동시에 상담자와 같은 시각에서 응대하고 있어 상담을 받은 사람들에게 높게 평가되고 있다. 필자가 인터뷰한 다른 여성(단신으로 이주, 그 후 정 내에서 결혼)은 "그 코디네이터가 없었더라면 이주를 못했을 것"이라고 단언했다. 이에 덧붙여, 정은 2014년부터 지역에 정통한 지역 출신자 2명을 정주 촉진 지원원으로 위촉해 빈집 정보 제공과 이주자의 일상적인 상담을 담당케 하고, 코디네이터 기능을 한층 더 충실화하는 것을 목표로 삼는다.

또한 정주 촉진과는 정주 지원 코디네이터를 포함해 9명의 직원이 속해 있고 '일본 제일의 육아 마을 만들기'를 비롯한 종적 시책을 횡적화하는 업무를 담당하고 있다. 인구 1만 명 규모의 지자체에서 이러한 노력은 결코 흔치 않다.

정장을 선두로 해 이와 같은 3개의 전략을 실천한 결과 이주 인구는 증가했고 2013년에는 인구 동태가 20명 증가로 바뀌었다. 통합 직후 5년간 85명이 감소했지만 거의 매년 개선되어 지금은 착실히 증가하고 있는 양상을 보인다.

이와 더불어 주목할 만한 점은 아동 수가 늘어난 초등학교가 등장한 것이다. 정 내 8개 초등학교의 아동 수는 2009년부터 2014년까지 5년간 전체 522명에서 499명으로 감소했다. 그러나 작은 규모의 초등학교 3개에서 아동 수가 증가하고 있다.

이주자 증가와 관련해서는 주택 확보가 중요한데, 빈집 개량비 조성(1호당 100만 엔 상한)과 정이 보유하고 있는 미이용 토지에서 민간업자에 의한 주택 건설 유도(상한 500만 엔의 건설비에서 50% 보조+10년 후 양도)도 추진되고 있다. 이처럼 지역에 필요한 시책을 통해 재빠른 주택 공급이 기대된다.

마지막으로, 통합 때부터 같은 정에서 정장을 하면서 시책을 실현시켜온 이시바시 료지石橋良治의 발언을 소개하고자 한다.

다소 불편하더라도 사람들과의 관계 속에서 살게 되어 좋다고 느낄 수 있는 정町이 이상적인 마을이라고 생각합니다. 오난정은 그러한 이상적인 마을을 목표로 나아갈 것입니다. 오난정은 교육의 마을입니다. 오난정에 오시면 고등교육을 받을 수 있고, 자신의 꿈을 이룰 수 있으며, (그러한) 교육에 힘 쏟고 싶습니다. 오난정의 8개 초등학교, 3개 중학교, 모든 학교의 도서관에는 사서가 배치되어 있습니다. 정에서 단독으로 고용하고 있습니다. 정립 초등학교와 중학교에는 학습 지원과 생활 지원을 위해, 또한 장애가 있는 분들을 위해서 12~13명가량을 추가 배치하고 있습니다. 균등하게 교육받을 수 있는 환경을 조성하도록 하겠습니다. 또한 여성과 아이들의 빈곤 문제도 해결해 나가겠습니다. 새바람을 불어넣는 오난정으로! '전원 회귀'가 일본의 저출산 문제를 해결할 수 있는 유일한 방법이라고 생각합니다(2014년 7월 13일, 중산간 지역 포럼 심포지엄에서의 발언).

4. 농산촌 이주의 과제

3대 문제: 일, 주택, 공동체

도시부에서 농산촌으로의 이주자는 착실하게 늘고 있다. 그러나 말할 필요도 없이 이주는 간단한 문제가 아니다. 거기에는 몇 가지 장해가 있고, 그중에 특히 중요한 것은 '일', '주택', '공동체'이다. 이는 모두 예전부터 지적되어온 것이지만 최근에는 이 '문제' 자체에 변화가 나타나기 시작했다.

첫째, '일'에 대해서는 이것을 둘러싼 문제의 실상과 그 해결 방법이 변하고 있다. "젊은이의 의식 변화"(191쪽)에서 논한 것처럼 그들은 하나의 직장에서 급여를 받는 것만이 '일'이라고 생각하지 않는다. 오히려 언뜻 보면 조각조각으로 형성되어 일이라고 할 수 없는 것을 일의 일부로 이해하는 '다업 형태의 생계 수단' 방식을 지지하는 사람도 있다. 일에 대해서는 종래의 기업 유치와 관광 개발에 의한 '월급쟁이'를 만들어내는 것도 중요하겠지만, 그와 더불어 농촌에 있는 비즈니스의 작은 싹과 지역의 아주 작은 수요를 만들어내는 기회를 창출해내는 것도 반드시 필요하다. 그러한 점에서 '지역 활성화 협력대'는 운용 방법에 의해 '다업 형태의 생계 수단'의 싹을 찾는 과정이기도 한 중요한 체제라고 할 수 있다. 앞서 본 도카마치시 A 씨의 실천은 그 점을 가르쳐준다.

이러한 상황 변화에 대해서 이미 30여 년 전부터 이주자를 받아들인 와카야마현和歌山縣 나치가쓰우라정那智勝浦町 이로카와 지구色川地區의 하라 가즈오原和男 씨의 발언은 시사적이다. 이 지구에서는 1977년에 하라 씨를 비롯한 다섯 가족이 이주하여 그들이 이후 이주자를 돕는 역할을 했고 지금은 지구 내의 45%(396명 중 177명)가 이주자이다. 이러한 실적이 있는 지역에서 활동해온 하라 씨의 말은 그 무게를 느끼게 한다.

젊은이가 정말로 그 지역을 좋아하게 되면, 일은 자신이 직접 찾거나 만들어낸다. 지역을 갈고닦아 어떻게 매력적으로 만드는지가 중요하다.

이 말은 정책 담당자가 당연하다는 듯이 내뱉는 '일만 있다면'이라는 말이 (그 자체가 사실일지언정) 지역을 갈고닦아 가치를 높이자는 지역 만들기의 필요성을 흐리고 있다는 사실을 지적하는 셈이다.

둘째, '주택'에 대해서는 특히 빈집을 둘러싼 문제가 중요해지고 있다. 이주자가 증가하면서 이 문제에 대한 목소리가 매일 커지고 있다. 문제의 근원에는 인구의 역외 유출에 의해 빈집은 있지만 그것을 거래하지는 않는다는 커다란 미스 매치가 존재한다. 이주·교류 추진 기구가 2014년에 실시한 시정촌 설문 조사*에서는 '빈집은행'을 개설한 시정촌(374개 단체) 중 '지역 내에 빈집은 있지만 임대해주지 않는 소유자가 있어 등록수가 적다'라고 답한 단체가 59%에 이른다. 이 불일치는 전국적인 범위로 발생하고 있는 과제라고 할 수 있다. 소유자가 집을 임대해주지 않는 이유는 '명절에 일시적으로 귀성하기 때문에', '불단이 있기 때문에', '물건 정리가 안 되어 있어서'가 대부분이다.

이에 관해 정면으로 맞대응한 것이 3장에서 소개한 히로시마현 미요시시 아오가 지구의 유한회사 블루리버였다. 예를 들면, 이곳에서는 도회지에 사는 친척들의 "성묘하러 고향에 돌아왔을 때 곤란해지기 때문에 빌려주지 않는다"라는 의견에 "귀성 시 커뮤니티 센터를 숙박 시설로서 이용하는 것은 어떤가?"라고 구체적으로 제안한다. 그로써 빈집은 문제없이 빌릴 수 있게 되었고 이주자를 수용하는 곳으로 기능하고 있다. 또한 가장 귀찮은 것으로 여겨지는 '불단' 문제에 대해서는 블루리버가 "정리 및 보관은 회사가 담당하겠다"라고 제안했고, 이에 관해 먼 곳에 거주하는 친척은 "그렇게

---

* 移住·交流推進機構, 「「空家バンク」を活用した移住·交流促進事業自治體報告書)」 (2014).

해준다면야 정리를 부탁한다"라고 대답했으나 종국에는 모두 "불단도 파기하라"라는 반응을 보였다. 빈집 문제에 대해서는 도회지에 사는 친척의 구체적인 고민에 관해 얼마만큼 개입해 대처할 수 있는지가 중요한 열쇠가 된다.

셋째, '공동체' 문제는 농산촌 지역사회의 폐쇄성에 대한 도시 주민의 위화감과 그에 따른 진입 장벽을 어떻게 완화시킬 수 있는지가 중요하다. 공동체의 폐쇄성에 관한 문제는 복잡하다. 확실히 '지나치게 농밀한 인간관계'에 대해 여러 가지 면에서 도시 주민의 혐오감이 나타난다. 그러나 작가이자 화가인 다마무라 도요오玉村豊男 씨의 말대로 "도회지 사람이 생각하고 있는 것보다 의외로 시골에서의 인간관계에는 자유로운 면이 있"는 것이 사실이고, 더욱이 "시골 사람들은 도시에서 온 사람들이 자신들의 '아름다움과 따뜻함'을 두려워하고 있다는 것을 모른다. 이 차이가 첫째 문제이다"라는 지적 역시도 실상의 한 단면으로서 정확히 파악한 것이다.[*] 즉, 이 문제의 일부는 양쪽 간의 소통으로 개선될 수 있는 것이다.

한편 이 장에서도 언급했지만 '아름다움과 따뜻함'을 추구하는 도시의 젊은이들도 있다. 그것이 도시에서의 얕은 인간관계와 지나친 익명성에서 온 결과라고 한다면 농밀한 인간관계야말로 앞으로의 농산촌 이주를 촉진하는 중요한 '지역 자원'이 될 가능성도 있다.

---

* 玉村豊男, 『田舍暮らしができる人できない人』(集英社, 2007).

그러나 철저하게 폐쇄적인 농산촌 공동체가 없는 것은 아니다. 필자가 방문한 동일본의 한 취락에서는 그곳에 정착한 지역 활성화 협력대에 의한 지역 만들기 제안에 대해서 "그것은 너의 일이 아니다. 그것에 대해서는 말도 하지 마라"라고 쏘아붙이고 풀베기와 주민 이송과 같은 일만 몰아준 취락 대표도 있었다. 지역에 애착을 느끼고 지역 만들기를 위해 무엇인가 하고 싶어 하는 젊은이에게 그러한 허드렛일만 맡기는 것도 유감스러운 일이다.

그러나 그와 같은 취락에서도 도시·농촌 교류의 경험과 외부인들과의 교류에 의한 '깨달음'이 취락을 변화시킬 가능성도 충분하다. 지역을 갈고닦아 이주자들이 모여든 취락들 중에도 얼마 전까지만 해도 폐쇄적인 모습을 보인 곳이 적지 않기 때문이다. 그런 점에서 이 문제 또한 고정적인 것이 아니라 가변적인 것이라 할 수 있다. 오히려 이러한 취락이 도시·농촌 교류와 외부 지원 인력 도입에 나서기 쉽기 때문에 어떠한 과정을 밟을지는 행정과 실천적인 연구에 중요한 과제일 것이다.

'이주 장기화'의 실현으로

이와 같이 과거 농산촌 이주의 숙명적인 과제로까지 여겨졌던 '일', '주택', '공동체' 세 가지는 문제 자체가 변화함으로써 개선의 여지가 서서히 나타날 가능성이 존재한다. 그것은 농산촌으로의 이주자 증가가 가져오는 변화라고도 생각된다. 그러나 다른 한편으로는 그와 같은 경향이 다른 문제의 존재를 드러내기도 한다. 그것은 이주자의 장래를 고려한 장기적인 정책 대응에 관한 것이다.

다소 기계적이지만 '이주', '정주', '영주'라는 말을 정리해보면 첫 3년을 '이주', 3~10년 정도를 '정주', 그리고 약 10년 이상을 '영주'라고 할 수 있다. 이와 같은 구분으로 최장 3년 동안의 임기를 맡는 지역 활성화 협력대는 '이주' 기간에 해당하는 정책적 대응이자 그 장벽을 낮추는 효과를 지닌다. 따라서 앞으로의 문제는 오히려 '이주의 장기화' 실현에 있다고 할 수 있다.

'제1의 이주' 장기화는 '정주화'이고 여기에서 가장 큰 문제는 역시 일자리이다. 이미 반복해서 논했듯이 '다업 형태의 생계 수단'이라는 선택지가 젊은이들에 의해 생겨나고 있고, 그것을 실현하는 '작은 기업'에 대한 지원이 특히 중요하다. 이는 2장에서도 언급한 '작은 경제'와 '중간 정도의 경제' 구축과도 연관된다.

그리고 '제2의 이주' 장기화는 '영주화'이다. 이 단계에서는 많은 이주자가 아이를 포함한 가족 단위로 생활하게 된다. 따라서 가족 단위에서의 장기적인 정주를 위해 가족의 생활 코스에 맞춘 과제에 대응해나가지 않으면 안 된다.

예를 들면, 아이들이 학교(초등학교, 중학교)를 진학할 때 지역 학교의 존속 문제와 마주하게 될지도 모른다. 그리고 아이들이 성장해 대학 진학을 목전에 둘 때에는 그에 필요한 비용 부담이 과제가 될 수밖에 없다. 앞에서도 다루었듯이 부부가 300만 엔을 목표 소득으로 하는 이주자에게는 그 부담이 절망적인 장벽이 될 가능성이 높다. 사실 그와 같은 과제에 직면했을 때 이주자 가족이 아이들의 성장에 맞춰 도시부로 '역U턴'한 사례도 있다. 아이들의 대학 진학에 필요한 학비 등을 좀 더 본격적인 장학금으로 지원하는 체제는 지금 이상으로 보완되지 않으면 안 된다.

이는 발생할 수 있는 문제 중 극히 일부에 지나지 않는다. 여기에서 지적하고자 하는 것은 종래의 이주자에 대한 정책적 지원이 '이주' 시기에만 집중되어 있다는 점과 이주의 장기화에 대해서는 정책상 관심이 현저하게 적었다는 점이다. 이주자 가족의 삶의 방식, 그리고 삶의 단계에 맞춘 지원 형태가 논의되어야 할 때이다.

농산촌 재생의 과제와 전망

1. 소멸하지 않는 농산촌 체제

왜 농산촌은 소멸하지 않는가?: 지금까지 규명된 것

이 책에서는 「마스다 보고서」에서 제시된 '지방 소멸', '시정촌 소멸'의 예측을 계기로 그러한 가능성이 가장 높은 농산촌의 현 모습을 집중적으로 살펴보았다. 그렇게 밝혀진 것을 약간 보충해 정리하고자 한다.

첫째, 농산촌에서는 고도 경제성장기 이후에 사람, 토지, 마을이라는 세 가지 공동화가 단계적으로 진행되었다(1장). 그 연장선에서 무주화無主化가 일어나거나 취락이 소멸하기도 한다. 지리학자인 사쿠노 히로카즈作野廣和 교수는 특히 급격한 과소 현상이 발생한 시마네현에서 1947년부터 2006년 동안 82개 취락이 무주화되었고, 그중 57개 취락은 댐 건설 등에 따라 인위적으로 이주한 것이 아니라 '자연 소멸'에 의해 무주화되었음을 밝혀냈다(≪산인중앙신보山陰中央新報≫, 2012년 7월 1일 자).

그러나 대다수의 농산촌은 지금까지 유지되고 있다. 앞에서 본 시마네현의 소멸 현황도, 그곳에서 과소라는 말이 만들어진 지도 반세기가 지났고, 그 사이 일본에서 발생한 급속한 사회경제적인 변모와 비교하면 변화의 폭도 그다지 크지 않다. 이는 전국 통계에서도 확인된다. 2010년 시점에서 농업 취락 수는 약 13만 9000개이고 1970년의 14만 3000개와 비교해보았을 때 40년간 약 3%밖에 감소하지 않았다(농림수산성 '농림업 통계').

이와 같이 많은 농산촌 지역의 취락은 존속하고 있다. 이것은 무엇보다도 취락에 거주하는 사람들의 '그곳에 계속 살아가려는 강한 의지'에 의한 것이었다. 그 강함은 특히 고령자에게서 볼 수 있다. 그들은 취락 내에서 서로 도우며, 그리고 타지로 나간 아이들에게 도움을 받으며 살아가는 것을 선택했다. 그 점에서 농산촌 취락은 상당한 강인함을 지녔다고 할 수 있다. 농산촌 공동체의 이러한 성격은 아마 일본의 특징이라 볼 수 있을 것이다.

그러나 한편으로는 강인함이 빠른 '포기'로 변해버리는 취락의 변동 과정도 밝혀졌다. 취락에는 '임계점'이 있고 자연재해 등이 취락이 변동하는 계기가 되고 있다. 즉, 취락은 강하면서 약한 존재이다. 한계 취락론은 약점을 강조하고 그것을 비판하는 사람들은 역으로 강점을 일반적으로 강조하지만, 현실에서의 농산촌 취락은 '강하면서 약한' 성격 모두를 지녔다.

둘째, 이와 같은 농산촌의 약점을 누르고 강인성을 높이는 체제가 '지역 만들기'였다(2장). 그 움직임은 고도성장기까지 거슬러 올라가는 사례도 있지만 많은 지역에서 움직이기 시작한 것은 1990년대 후반이다. 그러한 움직임에는 1980년대 중반부터 1990년대 초반까지 거품경제하에서의 지역 활성화, 특히 리조트 개발에 대한 반성이 있다. 농산촌의 리조트 개발은 전형적인 외래형 개발로 거품경제의 붕괴와 함께 그 많은 시설의 운영 및 기획의 실천이 좌절되었다. 이 때문에 그와 같은 개발과는 다른 '내발성', '종합성·다양성', '혁신성'을 의식해 지역 만들기가 추진되기 시작했던 것이다.

특히 체계화를 의식해 시도한 도전이 돗토리현 지즈정의 '일본 제로분의 일 마을 만들기 운동'이다. 여기에서는 '지즈정 내에서 각 취락이 갖는 특색을 하나씩 발굴해 사회에 공개함으로써 마을의 자랑거리(보석) 만들기를 행한 운동'(지즈정 '일본 제로분의 일 마을 만들기 운동' 기획서)과 지역 자원과 도시·농촌 교류를 소재로 하는 '자랑거리 만들기'가 추진되고 있다. 이 활동은 그 후 많은 지역에 영향을 주었고, 각 현장에서 다양한 방안이 모색되어 지금에 이르렀다. 그 내용은 ① 생활의 척도 만들기, ② 생활 시스템 만들기, ③ 돈과 그 순환 시스템 만들기와 같은 요소의 조합으로 구성되어 있다. ①에는 '지방학'(지역 만들기 워크숍), ②에는 '직접 만드는 자치구'(새로운 공동체 만들기)가 있고, ③의 대표적인 예로는 '나무 정거장 프로젝트'〔3장의 오카야마현 쓰야마시 아바 지구의 사례에서도 나타난 '삼림지 잔재(버려진 간벌재)의 운반 수집에 지역 통화를 도입한 지역 프로젝트'〕라는 형태의 새로운 전개가 있었다.

셋째, 이와 같은 지역 만들기 움직임은 지역적으로 보면 주고쿠 산지에서 활발한 활동이 있었다는 것을 알 수 있다(3장). 그곳에는 다양하고 다채로운 움직임이 있고, 마치 지역 만들기의 진열장과도 같다. 그 배경에는 주고쿠 산지에서 '과소'라는 말이 생겨난 것처럼 공동화가 일본에서 선발적으로 발생했기 때문이다. 그것에 저항하듯이 지역 만들기도 앞서서 시행되었다. '해체와 재생의 경계'라 할 수 있는데 그것은 어려움 속에서도 지역이 소멸하지 않게 하기 위한 지역 만들기의 강력한 힘을 나타낸다.

넷째, 이와 같은 지역 만들기를 지지하는 정책도 빠르게 정비되고 있다(5장). 그 방향성은 '보조금에서 교부금으로', '보조금에서 보조인으로'라고 표현된다. 전자는 내발적인 지역 만들기를 촉진시키는 정책으로서 시정촌, 도도부현 수준에서 새로운 시스템과 함께 제안되고 실천되어왔다. 그것은 ① 주체성을 촉진하는 상향식 지원, ② 자유도가 높은 지원, ③ 장기에 걸친 지역 지원이라는 특징을 갖는 것으로, 종래 보조금의 특질을 뒤집은 것이었다. 그리고 후자는 지역 만들기를 외부에서 지원하는 '외부 지원 인재'에 대한 필요성을 주창하고 있다.

그리고 다섯째, 이와 같은 지역 만들기가 이루어지는 지역을 향해 도시에서 농촌으로의 이주가 활발해지고 있다(5장). 이전부터

산발적으로 발생했던 이 움직임이 '흐름'으로서 처음 인식된 것은 1990년대이고 이미 20년 동안 계속되고 있는 트렌드이다. 지역 활성화 협력대 등의 정책 지원에 의해 탄력이 붙었고, 2011년 동일본 대지진과 원전 사고로 충격을 받은 이후 상당히 비약했다. 그러나 물론 농산촌 이주는 쉬운 일이 아니다. 일, 주택(빈집 부족), 공동체(폐쇄적인 경향)라는 '3대 문제'가 존재한다. 그러나 이주자의 의식이 변하고 지역이 적절한 대처를 하면서 이러한 문제가 해소되는 사례가 생겨나고 있다.

농산촌 이주를 어떻게 평가할 것인가?

농산촌 이주에 관해 두 가지를 보충하고자 한다. 첫째는 '이주자 수'라는 '수적' 결과가 아닌, 이주자가 농산촌에 산다는 '질적' 의미에 관한 평가가 필요하다는 것이다.[*] 이 책에서 본 몇 가지 사례에 나타나듯이 이주자는 각지의 지역 만들기가 갖는 전략(지역의 '마음')에 공감하고 지역을 선택해 참여하는 경우가 있다. 그리고 지역 활성화 협력대를 계기로 이주한 경우, 협력대로서 지역을 선택했을 때에는 우연에 의한 것이었지만 임기를 마친 후에도 주체적인 선택으로 그 지역에서의 정주에 도전한다. 이 경우에 지역은 협력대에 참가했을 때와 임기 종료 후 두 번에 걸쳐 선택되고 있다는 것

---

* 筒井一伸·嵩和雄·佐久間康富, 『移住者の地域起業による農山村再生』(筑波書房, 2014).

을 의미한다. U턴한 사람들은 선택 후 고향으로 돌아올 결의를 한 사람이 대다수이다. 이때 이주자는 단지 숫자를 넘어선 힘이 된다. 더욱이 그러한 사람들의 인터넷을 이용한 발신력은 그 지역에서 예전에는 없던 수준이 되는 일이 적지 않다. 그것이 더욱 많은 이주자를 불러오는 선순환이 생겨나기도 한다. 그러한 시점에서 이주자의 입지가 농산촌 측면에서는 필요하다.

둘째로 보충하고 싶은 것은 가령 '수적'인 것에 구애받았다고 하더라도 후지야마 씨와 같이 말할 수 있다는 점이다. 시마네현 중산간 지역 연구 센터에서 일하는 그는, 지역 만들기가 가능한 규모의 집단에서 고령화가 심화되지 않도록 하기 위해 필요한 인구 유입 규모를 산출했을 때 그 수가 극단적일 정도로 많지 않다고 선구적으로 주장한다.[*]

다음 쪽의 그림('중산간 지역 모델 지구 장래 인구와 고령화율')은 후지야마 씨의 논의를 적용해 전국 산간 지역의 평균 연령대 1000명으로 구성된 모델 지구를 상정해 그 후의 인구변화를 살펴본 것이다(2010년 기점, 국토교통성 작성). 이에 따르면 현 상태의 인구구성으로 단순 연장을 시켜보면 고령화율은 그대로 높아지고 인구도 격감한다.

이는 그야말로 「마스다 보고서」가 예측한 대로이다. 그러나 매

---

[*] 小田切德美·藤山浩, 『地域再生のフロンティア: 中山間地域の新たなかたち』 (農山漁村文化協會, 2013).

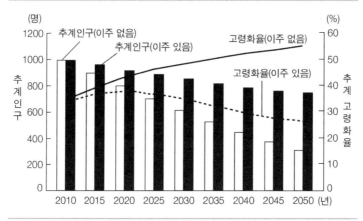

중산간 지역 모델 지구(인구 1000명) 장래 인구와 고령화율(2010년을 기점으로 한 추이)

주: 1) '이주 없음'은 단순 코호트 분석에 의한 추계이다. '이주 있음'은 아이(0~4세)를 동반한 30대 초중반 부부 2쌍과 20대 초중반 부부 2쌍으로 합계 4쌍, 즉 10명의 이주자가 매년 있다는 가정 아래 코호트 분석을 했다.
2) 추계 방법은 후지야마 고(藤山浩), 「중산간 지역의 새로운 형태(中山間地域の新たなかたち)」, 오다기리 도쿠미·후지야마 고, 『지역재생의 프론티어(地域再生のフロンティア)』(農山漁村文化協會, 2013)에서 인용했다.
자료: 국토교통성(國土交通省), 「국토의 그랜드 디자인 2050-참고자료(國土のグランドデザイン2050-叅考資料)」(2014)를 수정하고 보완했다.

년 4쌍의 가족(4세 이하의 아이 1명을 동반한 30대 초중반 부부 2쌍, 20대 초중반 부부 2쌍), 합계 10명이 지역 밖에서 유입한다고 가정해보면 사태는 전혀 달라진다. 그 경우, 고령화율은 10년 후에 정점에 달하고 그 이후에는 오히려 떨어진다. 그리고 인구 동태도 유입이 없는 모델과 비교해보면 감소 폭은 크게 완화된다. 지역에 따른 차이는 있지만 많은 지역에서 매년 4쌍의 이주라는 목표가 결코 현실과 동떨어진 것이 아니다.

이와 같이 지역 공동체 수준에서는 「마스다 보고서」와 같은 시정촌 단위의 젊은 여성 인구 동태인 '비율'에 주목한 추계가 아닌, 오히려 '몇 쌍'이라는 실제적인 절대 수를 목표로 함으로써 지역의 발전이 보이는 것이다.

구조의 흔들림

5장에서 보았듯이 다수의 농산촌은 소멸하는 것이 아니라 현재도 유지되고 있다. 반복해서 말하지만, 농산촌 집단은 강인하고 본래 지속력을 갖고 있기 때문이다. 그러나 농산촌이 흔들리고 있을 때 지역 만들기의 움직임이 시작되었고, 그것을 지원하는 정책도 서서히 갖추어졌다. 그 성과의 한 가지로 도시민의 농산촌 이주가 시작되고 있다.

그렇다고는 하지만 ① 지역 만들기, ② 지역 만들기를 지원하는 정책, ③ 젊은이를 중심으로 한 농산촌 이주라고 하는 세 가지 요소 면에서 이런 움직임 자체가 여러 조건에 의해 흔들릴 수 있다고 생각한다. 예를 들어, ①에서는 '주민의 단념'에 의해 지역 만들기 움직임이 시들어버리는 것이 최대의 흔들림이다. 이 책에서 반복해 논하듯이 「마스다 보고서」에는 그 리스크가 있다. '지방 소멸'의 선전과 특정 지역에 레벨 붙이기라는 강한 임팩트가 농산촌을 직격하고, 거기에 따른 '단념'이 만연해질 가능성은 부정할 수 없다.

그리고 ②의 경우 지역 만들기와는 상관없어 보이는 정책이 농산촌에 영향을 준다는 점을 의식하는 것이 중요하다. 예를 들면, 2014년에 검토된 공립학교 학교구의 재검토가 지역 만들기에 막대한 영향을 가져올 것이라고 예상된다. 문부과학성은 "인구 감소를 포함해 학교 재편을 촉진하기 위해 공립 초·중학교를 통폐합할 지침을 58년 만에 재검토한다"라고 한다(《일본경제신문》, 2014년 10월 1일 자). 문부과학성에서는 공립 초등학교·중학교 학교구의 지침인 '학생 통학을 전제로 한 초등학교라면 4킬로미터 이내여야 한다'는 종래의 기준을 재검토하고, 통학 버스를 상정해 '1시간 이내'로 변경할 것을 검토 중이라고 한다. 그것이 실현된다면 광역 학교구가 표준화되어 학교 통폐합이 급속하게 추진될 것이다. 그러한 배경에는 지방부, 특히 농산촌 소규모 학교의 '값비싼' 재정 지출을 삭감하려는 의도가 있는 것으로 추측할 수 있다.

그러나 이 책에서 제시한 다수의 사례에서도 보듯이 학교, 특히 초등학교는 지역의 거점인 동시에 상징이기도 하다. 이 때문에 거점 유지를 위해 각지에서 필사적으로 노력하고 있다. 주민 일부가 출자해 회사를 만들고, 이주자를 위해 주택 정비를 추진한 3장의 히로시마현 미요시시 아오가 지구가 그 전형적인 예이다. 또한 젊은 이주자에게 병원과 가까운 학교는 빼놓을 수 없는 요소이며, 이들 중에는 '아이들에게 소규모 학교에서 교육을 받게 하고 싶다'며 농산촌을 선택하는 이주 가족도 있다. 그러한 점에서 이 정책은 농산촌 지역 만들기에 직접적으로 큰 타격을 주게 될 것이다.

그리고 ③에 대해서는 2020년 도쿄 올림픽을 위한 도쿄 중점 투자 등에 의해 좌우될 가능성이 크다. 농산촌 이주는 더욱 큰 틀에서 사람들이 농산촌에 관해 보이는 관심인 전원 회귀로 전진하거나 혹은 후퇴도 할 수 있는 것이다.

그러한 점에서 앞으로도 '농산촌은 소멸하지 않는다'라고 하기 위해서는 상당히 성실한 지역 만들기 지원과 농산촌 이주 지원, 사람들의 전원 회귀에 대한 지향을 조성해나갈 필요가 있다.

2. 정책 논의 쟁점: 농촌 철수

'농촌 철수론'의 문제점

지금까지 논했듯이 진실한 지역 지원이 필요한 때에 농산촌에서의 철수를 권하고, 도시로 집중적인 투자를 기획하는 '농촌 철수農村たたみ'에 관한 논의가 「마스다 보고서」를 계기로 등장하고 있다. 지역의 현실에서 보자면 지역이 요구하는 것과는 정반대의 논의인 셈이다.

게다가 그것은 정책론으로서도 문제가 있다. 첫째로, '농촌 철수'가 논의되는 경우에는 바람직한 모습으로서 '콤팩트 도시compact city'의 논의가 이용되는 사례도 적지 않다. '일본에서도 유럽과 같이 콤팩트 도시를 실현해 농촌 취락 철수를 시작해야 한다'는 주장이다. 그러나 이러한 의미에서 대중매체 등이 이용하는 '콤팩트 도시'는 실제로 오용되고 있다. 저널리스트인 마쓰모토 요시오松本克夫 씨가 지적하듯이,* 도시와 농촌이 명확히 구분된 유럽에서는 '압축'이 도시 내부를 만드는 방식으로서 논의되고 있다. 그것과는 달리 도시가 무질서하게 확산된 일본에서는 도시와 연관된 농촌 및 산촌의 깊숙한 곳까지 압축 대상으로 간주되기 쉽다. 그러나 유럽의 '콤팩트 도시' 개념에는 농촌 철수라는 요소가 포함되어 있지 않다. 오히려 영국의 잉글랜드를 비롯해 여러 도시에서 석유파동 이후 지금까지 '역도시화'라 불리는 인구 환류가 계속되고 있다.

덧붙이자면, 일본에서 얘기되는 '콤팩트 도시'는 더 큰 성장을 목적으로 하는 경우가 적지 않다. 국가의 재정 부담 경감에 의한 효율화를 목적으로 하는 논의도 있다. 그리고 그러한 논의에서는 상당 경우 구체적인 정책으로서 규제 완화가 제언된다. 그에 대해 유럽에서의 '압축'과 '퇴축(수축)' 논조는 사회 전체의 '탈성장' 및 '성숙 사회화'와 함께 논의되는 경우가 많다. 이러한 점에서도 일본과 유럽의 인식은 엇갈리고 있다.

둘째로, 도시와 거점 취락의 '주변부'를 잘라내려고 하는 '농촌 철수론'은 재정의 궁핍화를 논거로 한다. '재정이 곤란한 가운데 그런 곳에 사는 것은 합당치 않다'는 말도 한다. 그러나 이것은 사람들의 거주 범위를 재정의 함수로 파악한다는 발상일 뿐이고(재정의 함수화), 일단 이 함수적인 발상이 적용되면 자동으로 계산되어 제동을 걸 논리가 더 이상 존재하지 않게 된다. 즉, 재정 여하에 따른다면 도쿄권 이외 어떤 지역에서도 사람이 사는 것이 불합리하다고 간주

---

* 松本克夫, 「コンパクトシティの誤用」, ≪市政≫, 12月号(2007).

될 수 있다. 그리고 이러한 발상의 근원에는 '국민은 국가를 위해 존재한다'는 본말이 전도된 가치관이 존재한다.

셋째로, 가령 재정 논리를 앞세운다 해도 과연 '농촌 철수'가 저비용 노선인지는 실증되지 않았다. 지역 실정에서 진정으로 생각한다면 '농촌 철수'는 그 지역에 마지막까지 남아 있는 고령자를 농산촌에서 도시부로 이주시키는 것을 의미한다. 그러한 점에서 이 책의 머리말에서 본 신문 칼럼에서도 "의료와 간병 서비스가 잘 갖추어진 도시부의 고층 주택에 고령자를 유도할 필요가 있다"라고 지적한다. 그러나 이 고령자들은 수십 년간 그 취락에서 살아왔고 지역에 대해 깊은 애착을 갖고 있으며, 그곳을 '생의 마지막까지 살 곳'으로 여기고 꿋꿋하게 살아가려는 사람들이다. 1장에서 본 바와 같이 농산촌 취락의 강인성은 그들의 의지와 노력에 의해 유지되어 왔다. 이러한 고령자가 도시로 이주한다는 것은 농업을 비롯한 일상적인 작업과 활동의 상실을 의미한다. 이로써 고령자의 사는 보람도 감퇴된다고 할 수 있다. 그 결과 더 많은 간병과 의료 비용이 발생할 가능성 역시 존재한다. 이러한 점을 포함해 재정 부담 면에서의 '농촌 철수 권장'은 의외로 견고하지 못하다.

넷째로, '농촌 철수론'은 이 책에서 상세하게 밝혀낸 젊은이 중심의 농산촌 이주 경향을 무시한 논의이기도 하다. 이주 지향은 단순한 희망이 아닌 이주 지원 기관의 상담을 거쳐 이주의 실현으로 결실을 맺고 있다. 즉, 앞서 다룬 유럽의 '역도시화'가 일본에서도 시작되었다는 것을 의미하는지도 모른다. 그 전면에서 농촌에서의 철수를 정책적으로 추진한다는 것은 향후 그들의 선택지를 빼앗는 것이나 다름없다.

「마스다 보고서」의 정책

「마스다 보고서」 자체는 '농촌 철수'를 직접적으로 논하지는 않는다. 오히려 『지방 소멸』에서는 다음과 같이 설명한다.

('선택과 집중'은 중산간 지역과 외딴섬을 잘라내는 것이 아닌가 하는 의견에 대해) 이것은 오히려 그 반대이다. 중산간 지역과 외딴섬에서 젊은이가 유출되지 않는 것이 바람직하지만, 지금까지의 시책에서는 유출이 멈추지 않고 있다는 것을 인식하지 않으면 안 된다. 그렇다면 지역을 떠나는 경우에도 도쿄권으로 가는 것을 막고 권역 내에 머무르는 것이 중요해진다.*

이른바 '인구 댐론'이지만, 이 논의 역시 문제를 안고 있다. 여기서 말하는 권역이라는 것은 총무성이 새로운 정책으로서 추진하고 있는 '지방 중추 거점 도시'를 지칭한다. 이것은 '인구 20만 이상으로 주간인구를 야간인구에서 뺀 수치가 약 1 이상인〔상주인구(야간인구)보다 주간인구가 많은〕 도시'를 중심으로 하는 권역을 설정해 그

---

* 增田寬也,『地方消滅』(中央公論新社, 2014).

에 대해 지방교부세를 집중적으로 배분한다는 것으로 '선택과 집중'을 의미한다.

저널리스트 아오야마 씨는 이 정책에 두 가지 생각이 혼재되어 있다고 지적한다.* 그중 한 가지는 성장 엔진으로서의 거점 도시 구상이다. 또 다른 한 가지는 권역 전체에 대한 고도의 네트워크 허브로서 거점 도시를 위치 짓는 것이다. 전자는 오직 경제성장을 위한 정책인 반면, 후자는 도시와 농촌의 연계를 추진해가는 정책이다. 전자는 '도시'를 중시하고 있는 데 비해, 후자는 주변부를 포함한 '권역'을 강조한다는 점에서 차이가 있다.

이 점에 관해 「마스다 보고서」는 '선택과 집중'이라는 믿음하에 '젊은이에게 매력적인 지방 거점 도시에 투자와 시책을 집중하는 것이 중요'하다고 본다. 분명하게 전자를 강조하고 거점 도시의 '도시'로서의 역할을 강조하는 것으로 그 주변부와의 관계는 언급도 하지 않는다. 바로 여기에 '농촌 철수'의 논의를 가열시키는 요소가 있고, 이 논의의 약점이 존재한다.

그리고 지방 중추 거점 도시는 마찬가지로 지방의 '인구 댐'이라는 용어를 사용했고, 2008년부터 시작된 '정주 자립권 구상'의 기본 노선을 계승했다. 이 정주 자립권 구상은 "도시와 지방이 함께 의지하는 '공생'의 이념을 구체화하고 지방권의 인구 유출을 멈출 댐 기

---

* 青山彰久, 「地方中樞據点都市構想」, ≪ガバナンス≫, 8月号(2014).

능 확보를 목표로 하여"(총무성, 정주 자립권 구상 연구회 운영 요강) 검토되었다. 그렇게 만들어진 체제는 인구 5만 명을 넘는 '중심 도시'가 주변의 시정촌과 협정을 맺고, 권역으로서 일체화된 지역 진흥책을 추진하는 활동을 촉진해간다는 것이다.

이번 지방 중추 거점 도시(권) 구상으로 '인구 20만 명 이상'이라는 새로운 조건이 더해졌지만 이에 대한 합리적인 설명은 없는 상태이다. 재정의 제약 속에서 '5만 명'으로는 규모가 너무 작기 때문에 '선택과 집중'이 더욱 가능한 '20만 명 이상'으로 변경된 것인가? 만약 그렇다면 앞서 논한 '재정의 함수화' 그 자체라고 할 수 있을 것이다. 앞으로 그러한 '댐'의 규모가 '100만 명 이상'으로 커지고, 마지막에는 '일본의 유일한 인구 댐, 도쿄'가 되어버릴지도 모른다. 거기에 제재는 있는 것인가?

3. 도시·농촌 공생사회를 향해: 국민적 논의와 선택

도시·농촌 공생사회의 논리

이와 같은 논의가 등장해 그 열기를 높여가고 있는 가운데 농산촌으로부터 적극적인 의견들이 쏟아지고 있다.

그중 하나로 야마나시현 고스게 마을小菅村을 비롯한 강 원류 지역의 시정촌으로 구성된 '전국 원류의 고향 협의회全國源流の鄉協議會'가 작성한 『원류 백서源流百書』(2014)를 들 수 있다. 『원류 백서』는 원류 지역에서 발생하고 있는 문제를 정리해 그 해결을 위한 '유역권'과 '유역권 정신'의 확립에 대해 논한다. '유역권'이란 '농산촌 문제는 과소 대책, 농업 지원만으로 해결할 수 없고, 도시부의 문제도 글로벌화의 시점만으로는 해결되지 않는다'는 인식에서, '도시와 유역의 농산촌이 하나의 공동체라는 시점에서 비로소 양자의 문제는 해결된다'는 발상에 기초한 주장이다.

또한 일본의 928개의 정촌을 조직하는 전국정촌회는 '농업·농촌 정책의 바람직한 모습에 대한 제언'으로서 「도시·농촌 공생사회의 창조: 전원 회귀의 시대를 맞이해都市·農村共生社會の創造: 田園回歸の時代を迎え」(2014)를 공표했다. 이 제언서에는 농촌이 ① 저출산에 맞서는 보루, ② 재생 가능한 에너지의 축적, ③ 재해 시의 후원, ④ 새로운 삶의 방식과 비즈니스 모델 제안의 장으로 도시와는 다른 역할을 하고 있다는 것을 지적해, 도시와 농촌은 상호 보완적인 존재인 동시에 공생이야말로 반드시 필요한 것이라고 기술하고 있다. 이를 위해서는 먼저 농촌의 가치를 창조해 다듬는 것은 물론 종래 예산을 개조한 '농촌 가치 창생 교부금'의 설치 등을 구체적으로 제안한다.

이러한 제언은 '농촌 철수론'과 「마스다 보고서」를 거리낌 없이 비판하는 것이 아니라 국민 생활과 국민 경제, 혹은 도시와의 관계 속에서 스스로를 적극적으로 위치시킨다는 점에서 상통한다. 따라서 '재정이 어렵기 때문에 농촌을 철수한다', '인구가 감소하니 도시에 집중시킨다'는 식의 조건반사적인 논의가 아닌, 난관 속에서도 도시와 농산어촌과의 공생을 제언들과 함께 논하고 있다.

이와 같은 주장은 공동화에 따른 농산촌의 위기와 함께 도시에서 심화되는 위기를 인식한다면 오히려 당연한 것인지도 모른다. 이미 잘 알려져 있듯이 도쿄권의 고령화는 현저하게 빠른 속도로 진전되고 있다. 후생노동성의 '도시부의 고령화 대책에 관한 검토회 보고서都市部の高齢化對策に關する檢討會報告書'(2013년 9월)에 따르면, 2010년부터 2025년까지 15년 동안 상정된 75세 이상 고령자의 도도부현별 증가 수에서 상위를 차지하는 곳은 도쿄, 가나가와, 오사카, 사이타마, 치바, 아이치, 그리고 대도시 도부현이다. 이 6개의 도부현 증가 수(373만 명)는 전체의 약 절반을 차지한다. 이것은 이른바 '단카이 세대'가 대도시에 집중해 있고 앞으로 단카이 세대가 한꺼번에 고령화되기 때문이다. 그중 도쿄에서는 2010년 123만 명에서 15년 동안 74만 명이나 증가했다. 즉, 지방의 중소도시 인구에 필적할 5만 명 정도의 후기 고령자가 매년 도쿄 내에서 증가한다는 것을 의미한다. 이러한 현실 속에서 요구되는 도쿄 지역 과제의 초점은 고령자가 안심하고 살 수 있는 지역사회를 만들 수 있는지에 달려 있다.

다른 한편으로는 도시야말로 글로벌화 시대에 걸맞은 곳이라는 논의에 무게가 실리고 있다. '농촌 철수' 주장에는 그러한 '철학'이 배경으로 깔려 있다. 또한 2020년 도쿄 올림픽과 패럴림픽을 위한 도쿄로의 집중 투자는 그러한 논의를 가중시킨다. 실제로 도쿄 올림픽을 통해 도쿄의 도시 공간이 경신되고, 국제 경쟁력을 한층 더 높이며, 올림픽 이후에는 리니어 신칸센 고속철 개통으로 '축제는 계속된다'는 반세기 전의 데자뷔와 같은 주장까지 나오고 있다.*
이러한 논의를 만들어낸 「마스다 보고서」가 2020년 도쿄 올림픽
개최 결정 직후에 등장한 것은 결코 우연이 아니다.

그러나 앞서 본 것처럼 고령화가 급속도로 진전되는 '세계도시
도쿄'는, 오히려 먼저 고령화가 심화된 농산촌과 연계해 그곳에서
의 경험을 적극적인 의미에서 교훈으로 삼아 보완해가는 것이 요
구된다. 이를 바탕으로 농산촌과 도시가 각각의 조건을 살려낸 내
발적 지역 만들기를 추진해가는 것이 필요하다. 그것은 '농촌 철수'
가 아닌, 오히려 '도시·농촌 공생사회의 형성'이라는 과제를 쫓아가
는 것을 의미한다. 만약 그와 같은 틀이 없다면 인구 감소와 고령화
문제의 대책은 '일본 전국에서 젊은이를 쟁탈하고, 고령자를 억지
로 떠넘기'는 지역 간 대립 구도로 전락해버리고 말 것이다.

국민적 논의로

그러한 때에 필요한 것은 인구 감소 시대에 대다수의 국민이 납
득할 수 있는 큰 틀에 농산촌을 위치시키는 전략적 시점이다. 현재
로서는 2개의 전략이 고려된다. 하나는 농산촌 내부 시점(마이크로)
에서의 '저밀도 거주 지역 구상'이고, 다른 하나는 그 전체의 위치
짓기(매크로)로서의 '국내 전략 지역 구상'이다.

---

* 市川宏雄, 『東京五輪で日本はどこまで復活するのか』(メディアファクトリー, 2013).

① 저밀도 거주 지역 구상

과소화란 지역 인구의 저밀도화를 의미한다. 그러나 농산촌 사람들은 토지이용을 동반한 농림업이라는 생업을 위해 원래 저밀도로 살아왔다. 그래서 필요한 것이 예전 이상의 저밀도 생활 시스템 만들기이다.

그러한 점에서 지리학자인 미야구치 도시미치宮口侗迪 교수는 "'산촌이란 상당히 적은 수의 사람들이 광대한 공간을 돌보는 지역사회이다'라는 발상에서 출발해, 적은 수의 사람이 산촌 공간을 어떻게 경영해야 다음 세대에게도 지지받는 생활이 가능해지는지를 추구할 수밖에 없다. 이것은 다수의 논리로 성립되는 도시 사회와는 다른 구조를 지니고, 말하자면 선진적인 소수 사회를 모든 기동력을 구사해 만들어낸 것과 같다"라고 주장해왔다.* 즉, '저밀도 거주 지역 구상'인 것이다.

이 구상은 2장에서도 다룬 주민에 의한 새로운 공동체 만들기(손수 만든 자치구)의 실천과도 관련이 있고, 최근에는 '작은 거점 만들기'로서 정책 과제가 되었다. 그것을 추진하는 국토교통성은 "초등학교구 등 복수의 취락이 모인 지역(취락 지역)에서 쇼핑과 의료·복지 등 복수의 생활 서비스를 걸어서 이동할 수 있는 범위 안에 집중시키고, 각 취락과의 교통수단을 확보함으로써 자동차 운전이 힘

* 宮口侗迪, 『地域を活かす』(大明堂, 1998).

든 고령자일지라도 한 번에 용무를 볼 수 있는 생활 거점을 만들어 지역 생활 서비스를 유지하도록 하는 대책"이라고 설명한다.* 향후 인구 감소를 상정하면서 그러한 지역을 '철수'시키는 것이 아니라, 거점 지역의 정비와 주변 취락과의 네트워크화를 통해, 더욱 저밀도의 상황에서도 '계속 살고자'하는 의사를 지닌 사람들을 '선진적인 소수 사회'로 유지하는 구조를 만들어내는 전략적인 구상인 것이다. 또한 농산촌을 향한 젊은이들을 수용하는 곳으로서의 기능도 기대되며, 육아 환경을 정비해 저출산에 맞서는 곳이 되리라 전망한다.

고치현에서는 이러한 실천이 '취락 활동 센터' 만들기라는 이름으로 이미 추진되고 있고, 주로 초등학교구 단위로 새로운 공동체 만들기와 공동체 거점 정비가 행해지고 있다. 현의 지원 사업으로는 이 책에서도 논한 2012년부터 시작된 교부금의 지역 지원과 '보조원'의 위치 짓기 등, 특정 활동이 이미 현 내의 15개소에서 시작되었다. 이러한 실천의 축적이 저밀도 거주에서 새로운 구조의 구체적인 모습, 외부 지원의 초점 등을 더욱 명확히 하고 있다.

② 국내 전략 지역 구상

주지한 대로, 새 시대에 진입해 식료, 에너지의 가격 동향이 전

---

* 國土交通省, 『「小さな據点」づくりガイドブック』(2013).

세계적으로 주목받고 있다. 곡물과 원유의 가격은 심한 변동을 겪으면서도 기본적으로는 높은 수준으로 변화하고 있다. 그 요인은 글로벌 자금에 의한 투기라고 지적된다. 요컨대, 이 소재들은 일단 국경을 넘으면 투기, 그리고 때에 따라서는 각국의 정치까지도 움직이는 '국제적 전략 물자'로서의 성격을 드러낸다.

이 '전략 물자'로는 식료, 에너지만이 아니라 물, 이산화탄소 흡수원으로서의 삼림도 해당된다. 일본에서는 이러한 요소들 대다수가 농산촌에서 공급된다. 에너지로는 지구 온난화의 요인이기도 한 화력발전과 참사를 일으킨 원자력발전을 대체하는 바이오매스와 소수력발전 등 재생 가능한 에너지가 기대되지만, 이들 모두는 실로 농촌이기 때문에 가능한 것이다.

따라서 이를 공급하는 농산촌은 국제적인 시점에서 본다면, '전략 지역'으로 보는 것은 물론 보존과 재생이 국민적인 과제가 되어야 한다. 더욱이 이 네 가지 물자의 안정적인 공급은 국제 정세에 과도하게 좌우되지 않는 상태를 국가가 내부로부터 만들어내는 것과 연관되며, 자국의 이해만을 주장하는 좁은 안전보장론을 넘어서 국제적 공헌과 이른바 '인간의 안전보장'으로 이어지는 길을 만드는 것이다. 이러한 미시적이며 거시적인 전략 구상이 국민 수준에서 자리 잡을 때 도시·농촌 공생사회의 방향성도 보이게 된다.

이와 같이 생각하면 이 책에서 다룬 '농촌 철수' 논의와 그에 대항하듯이 활발해져 가는 전원 회귀의 현실은, 실은 우리 사회의 커다란 기로를 나타내고 있는 셈이다. 성장 노선을 들어 '농촌 철수'

를 진전시키며 글로벌화에 어울리는 '세계도시 도쿄'를 중심으로
한 사회를 형성할 것인가? 그렇지 않고 일본의 전략 지역인 농산촌
을 저밀도 거주 지역으로 만들고 재생을 꾀하며 국민의 전원 회귀
를 촉진시키고 어떤 지역이라도 개성을 지닌 도시·농촌 공생사회
를 구축할 것인가? 이러한 갈림길이 우리의 눈앞에 놓여 있다.

1964년 도쿄 올림픽으로부터 반세기, '과소'라는 말이 생겨난 지
약 반세기가 지난 지금, 일본 사회가 이러한 기로에 놓인 것은 결코
우연이 아니다. '지금까지의 50년, 앞으로의 50년'이라는 시각을 바
탕으로 국민적인 논의가 필요하다.

후기

"조금 전 이시바 장관과 함께 '지역·사람·일 창생 본부 사무국'의 간판을 걸고 드디어 오늘부터 여러분과 함께 지방 창생을 목표로 열심히 일하려고 하고 있습니다. 아베 내각의 향후 최대 과제는 풍요롭고, 밝은, 건강한 지방을 만드는 것입니다."

아베 총리의 이 발언으로 지방 창생을 내건 '지역·사람·일 창생 본부' 사무국이 세워졌고 그 활동이 시작되었다(2014년 9월 5일).

'풍요롭고, 밝은, 건강한 지방'을 만드는 것이 '지방 창생'이라면 거기에는 하등의 이의도 없고 대환영이다. 그러나 이 창생 본부가 생겨난 경위를 보자면 기뻐할 수만은 없다. 이 책에서도 상술했듯이 이 본부의 설립 계기가 된 것이 엉성한 추산으로 특정 시정촌을 '소멸 가능성 도시'라 단정 짓고 이름 붙인 '지방 소멸론'이다. 이 논의에는 정치적인 의도마저 느껴진다. 지방에 대한 직격의 경종이라 하더라도 지금까지 어려운 상황 속에서 열심히 지역 만들기를 해온 사람들에게 '어차피 (이곳은) 소멸할 지역이다'라는 '단념'을 불러일으킨 것은 결코 간과할 수 없다.

농산촌을 중심으로 지역 문제를 연구하고 있는 사람으로서는 그것이 '지방 창생'은커녕 '지방 철수'나 마찬가지였다. 이 책을 집필하게 된 문제의식은 바로 여기에서 시작했다. 이 같은 이유로 제목

을 '농촌은 사라지지 않는다'라고 정했다. 필자가 보더라도 이 주제
는 상당히 논쟁적이기 때문에 '소멸'이 무분별하게 거론되고 있는
상황에서 당연히 이러한 반론이 필요하다고 생각했다. 이 책은 농
산촌을 '직접 발로 뛰는 사람'으로서 그곳을 여러 차례 방문해 만난
지역 주민들을 한 사람 한 사람 떠올리며 집필했다.

　다른 한편으로는 외부에서의 언설이 경제 및 정치의 상황에 따
라 마치 롤러코스터처럼 '소멸', '창생' 등으로 지역을 들었다 놨다
하는 가운데 농산촌이 갖는 본질을 규명하는 것도 의도했다. 그렇
기 때문에 외부의 소란과는 달리 흔들리지 않는 지역의 논리, 무엇
보다도 재생을 향한 실천이 있다는 것을 강조한다. 따라서 이 책에
서는 필자의 연구를 포함해 다소 오래된 논고와 실태 보고를 거슬
러 올라가 논의를 보충했다. '농산촌 재생론'의 체계화를 의식했기
때문이다. 연속된 시행착오 속에서 중심을 낮추어 전진하는 농산
촌 사람들의 모습이 집필에 큰 원동력이 되었다.

　다시 말하자면, 이 책은 지방과 농산촌의 '소멸'이 사람들 사이에
오르내리는 시대의 '시론'인 동시에, 지역 수준에서 축적되어온 실
천으로부터 농산촌을 살리기 위한 방법을 배우고 체계화하고자 하
는 '농산촌 재생론'이기도 하다. 이 책의 특징을 꼽는다면 이러한
'두 마리 토끼를 쫓는다'는 점일 것이다. 당연한 것이지만 필자의
이런 도전이 성공인지 아닌지는 독자의 판단에 맡기고자 한다.

　또한 이 책은 필자의 글인 「농산촌 재생의 전략과 정책農山村再生の
戦略と政策」* 그리고 「농촌 철수'에 맞서는 전원 회귀農村たたみ」に抗する

田園回歸」^{••}와 중첩되는 부분이 있다. 특히 후자는 집필의 직접적인 계기가 된 것으로 이 책에 전면 반영했다.

농산촌의 결과는 일본의 미래와 직결된다. 그럼에도 불구하고 도시 주민이 농산촌에 관해 무관심했던 시대가 얼마 동안 지속되었다. "사랑의 반대는 증오가 아니다. 무관심이다"(마더 테레사Teresa 와 엘리 비젤Elie Wiesel)라는 말이 종종 쓰인다. 그러나 이 책에서 제시했듯이 농산촌을 향한 사람들의 관심이 생겨나기 시작했다는 것은 틀림없는 사실이다. 시대는 확실히 변하고 있다. 이러한 시대에 이 책이 더 많은 국민적 관심을 일으키고 진정한 애정이 있는 논의의 한 소재가 되길 바란다.

책의 집필은 비교적 단기간에 진행되었다. 따라서 신중을 기해 필자가 근무하는 대학 연구실 관계자의 감수를 받았다. 특히 전 대학원생으로 농산촌 의료 문제 연구자인 니이누마 시오리新沼星織 씨에게는 문장 표현뿐만 아니라 내용 면에서도 상세한 코멘트를 받았다. 또한 학부 3~4학년, 총 22명의 세미나 수강생들이 젊은 독자로서만 아니라 농산촌에 관심을 지닌 젊은이로서 신선한 의견을 주었고, 이것이 각 장을 개선하는 데 많은 도움이 되었다.

그리고 이 책을 담당한 야마카와 료코山川良子 씨는 『농산촌 재생 農山村再生』(2009) 이후 알고 지내온 사이로 예전과 변함없이 날카로

• 　小田切德美, 『農山村再生に挑む』(岩波書店, 2013).

•• 　小田切德美, 「「農村たたみ」に抗する田園回歸」, ≪世界≫, 9月号(2014).

운 지적과 따뜻한 격려의 말로 빡빡하게 강행되었던 이 책의 완성을 이끌었다. 모두에게 감사의 마음을 전한다.

마지막으로, 다소 사적이기는 하지만 이 책은 한여름부터 가을까지 쓰였다. 강의, 회의, 출장으로 매일 같이 바쁘게 움직이는 가운데 외출하기 전 한두 시간이 나의 집필 시간이었다. 여름에서 가을로 계절이 변해가는 시기에 서재에서 보이는 새벽 풍경은 필자에게 힘이 되었다. 밝아오는 아침 해와 농산촌의 미래가 겹쳐 보였기 때문이었다. 그리고 햇빛 못지않게 언제나 웃는 얼굴로 집필 기간 동안 내조해준 아내 준코順子에게도 감사의 마음을 전한다.

위기가 곧 기회,
농산촌 마을의 가능성을 생각하며

농촌 연구를 하는 사람이라면 농촌 지역 앞에 항상 따라붙는 '과소화', '고령화(혹은 초고령)'라는 수식어에 익숙할 것이다. 한국과 일본은 서로 시간 차는 있지만 공통적으로 산업화 과정에서 발생한 이촌향도로 농촌에서 도시로의 인구 유출이 발생했다. 여기에서 비롯된 인구의 사회적 감소가 현시대에 와서는 남아 있는 농촌 인구의 고령화에 따른 자연적 감소로 이어졌다. 그러한 농촌 지역이 상당수를 차지하는 지방에서의 위기감은 「마스다 보고서」로 현실화되는 듯했다.

그러나 농촌 지역의 과소화 문제와 인구 감소는 어제오늘의 일이 아니다. 저자는 이 책에서 일본의 과소화가 일찍부터 시작되어 과제 해결을 시도해온 지방의 사례에 관해 현장 조사의 결과를 토대로 생생하게 전달한다. 소개된 야마구치현 니호 지역은 이미 1990년대 후반부터 지역 활성화를 위한 마을 만들기를 전개했다. 지금 세간에서 화제가 되는 과소 지역의 위기감은 어쩌면 이 지역에서는 새삼스러운 것일지도 모르겠다.

현재 일본 전국의 수많은 과소화 지역에서 고령화와 인구 감소 문제를 해결하기 위한 마을 만들기를 시행하고 있으며 그 사례와 방법은 아주 다양하다. 저자는 이러한 농촌 지역의 변화에 주목하고 있는데, 인구 문제는 적어도 2011년 이후부터 서서히 변화하기 시작했다. 그리고 그 변화에서 농촌 지역의 인구 문제를 타결해갈 수 있는 희망의 실마리도 보인다. 이는 필자인 오다기리 교수가 살고 있는 일본에서뿐만 아니라 한국에서도 마찬가지이다. 그것이 바로 귀농귀촌 현상이다. 농업을 위해서 혹은 삶의 가치를 위해서 농촌으로 이주하는 사람들이 점점 늘어나고 있는 것이다.

일본에서의 귀농귀촌 현상은 꾸준하게 이어져 온 인구 이동의 한 모습이다. U턴, J턴, I턴의 형태로 도시 은퇴자를 중심으로 한 '이도향촌離都向村'이 지속되어왔다. 그런 과정에서 2011년에 발생한 동일본 대지진과 후쿠시마 원전 사고는 기존의 일본 귀농귀촌 현상을 넘어서는 젊은이들의 이도향촌을 촉발하는 인구 이동의 사회적 전환점이 된 것이다. 이 책 전반에 걸쳐 제시되는 전원 회귀 현상은 젊은이들이 농촌에서 자신의 삶을 돌아보고 그곳에 자신의 삶의 철학을 실천하는 하나의 문화적 현상이다. 농업과 농촌에서 가치를 발견하고 그것을 지역과 나(젊은이), 나와 공동체라는 관계

속에서 창업, 지역 돌봄, 어르신들의 말벗 등과 같은 다양한 형태로 재현하고 있다. 그리고 그러한 젊은 층의 이주자들이 과소·고령화한 농산촌 지역의 한 구성원이면서 중요한 인재, 즉 인적 자본human capital이 되고 있다. 이러한 농촌 이주가 다양한 계층에서 지속적으로 이루어진다면 '농촌 철수론'은 결코 현실화될 수 없다. 그것이 필자의 주장이고 과소·고령화된 지방의 염원이기도 하다. 그렇다면 현 지방의 과제는 어떻게 사람들을 끌어들일 것인지, 이를 위해서 지방의 매력으로서 어떤 비전을 제시해야 할 것인지이다. 이 책은 바로 그러한 지방의 고민과 타결책을 다양한 사례를 통해 제시하고 있다.

『농촌은 사라지지 않는다』는 2014년도에 국내 귀농귀촌 현상을 연구하면서 접했던 책이다. 한국의 귀농귀촌 정책, 지방의 인구 유지를 위한 다양한 정책에 가장 필요한 시사점을 줄 수 있다는 기대에서 번역을 결심했다. 그리고 개인적으로는 석사 논문을 쓰기 위해 히로시마현 산촌 마을에 살면서 참여 관찰법으로 조사, 연구하던 때에 그 마을에서 오다기리 교수를 알게 된 것도 번역을 해야겠다는 의지를 불태우게 했다. 당시 오다기리 교수는 제자, 동료 연구자들과 함께 도쿄에서 산촌 마을까지 조사를 왔던 터였고, 그곳에서 인사를 나누고 나서야 오다기리 교수가 직접 발로 뛰는 일본 농촌 연구의 권위자라는 것을 처음 알게 되었다. 책에서 저자가 이미 밝혔듯이 오다기리 교수는 일본 전국을 직접 발로 뛰어 조사해온 진정한 농촌 연구가이다. 산촌 오지까지 직접 조사한 교수가 현장에서 직접 목격한 사실을 정리해 책으로 발간했고 그렇기 때문에 더욱 신뢰할 수 있다는 확신이 들었다.

번역을 마치고 번역서를 출판해줄 출판사를 찾는 데 수개월이 걸렸다. 그러던 중 한울엠플러스(주)가 이 책의 중요성과 시사성을 알고 출판을 결심해주었다. 이 자리를 빌려 무한한 감사를 드린다. 또한 번역과 출판에 이르기까지 한국과 일본의 인구 감소와 소자 고령화 문제에 관해 끊임없이 조언해주시고 감수 또한 맡아주신 고려대학교 글로벌일본연구원 김영근 교수님께도 감사의 말을 전한다.

2018년 2월

부혜진·정유경

지은이

오다기리 도쿠미(小田切德美) 농정학, 농촌정책론, 지역거버넌스론 전공했다. 도쿄대학교 대학원 농학연구과의 농학 박사, (재)농정조사위원회 전문 조사원, 다카자키경제대학교 조교수, 도쿄대학교 대학원 조교수 등을 역임했으며 현재 메이지대학교 농학부 교수로 재직 중이다. 저서로『일본 농업의 중산간 지대 문제(日本農業の中山間地帶問題)』(1995),『일본 농업: 2005년 농업 통계 자료 분석(日本農業: 2005年農業センサス分析)』(2008),『농산촌 재생 '한계 취락' 문제를 넘어서(農山村再生「限界集落」問題を超えて)』(2009),『농산촌 재생에 도전하다: 이론에서 실천까지(農山村再生に挑む: 理論から實踐まで)』(2013)가 있고, 공저로『공생과 협동에 의한 마을 만들기 독본(共生と協働によるまちづくり讀本)』(2004),『지역 재생의 프론티어(地域再生のフロンティア)』(2013) 등이 있다.

옮긴이

부혜진 일본 오카야마대학교에서 석사와 박사 학위를 취득했다. 현재 농촌진흥청 국립농업과학원 박사후연구원으로 재직 중이며, 주요 연구 분야는 한일 농촌 지역 만들기와 지역 커뮤니티, 귀농귀촌 등이다. 주요 논문으로 「귀농·귀촌인구 증가에 따른 제주도 촌락지역의 변화」(2015) 외 다수가 있고, 공저로『제주의 마을을 품다』(2012)가, 공역으로『현대 촌락지리학』(2014)이 있다.

정유경 일본 가고시마대학교에서 석사와 박사 학위를 취득했다. 현재 일본 규슈대학교 지속가능한 사회를 위한 결단과학센터의 조교수로 재직 중이며, 주요 연구 분야는 지역 만들기, 로컬 거버넌스, 지역 커뮤니티 등이다. 주요 논문으로 「1980년대 한국 반공해운동의 전개와 일본 반공해운동과의 관계」(2013) 외 다수가 있고, 공저로『일본의 재해학과 지방부흥』(2016)이, 공역으로『술의 세계사』(2014)가 있다.

감수

김영근 일본 도쿄대학교에서 박사 학위를 취득했다. 현재 고려대학교 글로벌일본연구원 교수로 재직 중이며, 사회재난안전연구센터 소장을 맡고 있다. 주요 연구 분야는 국제정치경제론과 지역 만들기, 자연재해 등이다. 주요 논문으로는 「재해 후의 일본경제정책 변용」(2013) 외 다수가 있으며, 공저로『동일본대지진과 일본의 진로』(한울, 2013),『일본의 재해학과 지방부흥』(2016)이 있다.

한울아카데미 2058

농촌은 사라지지 않는다
농산촌 생존을 위한 지방의 고군분투

지은이 ┃ 오다기리 도쿠미
옮긴이 ┃ 부혜진·정유경
펴낸이 ┃ 김종수
펴낸곳 ┃ 한울엠플러스(주)

편집책임 ┃ 배은희

초판 1쇄 인쇄 ┃ 2018년 2월 20일
초판 1쇄 발행 ┃ 2018년 2월 28일

주소 ┃ 10881 경기도 파주시 광인사길 153 한울시소빌딩 3층
전화 ┃ 031-955-0655
팩스 ┃ 031-955-0656
홈페이지 ┃ www.hanulmplus.kr
등록번호 ┃ 제406-2015-000143호

Printed in Korea.
ISBN 978-89-460-7058-5 93300(양장)
      978-89-460-6445-4 93300(반양장)

* 책값은 겉표지에 표시되어 있습니다.